W0377409

Matthias Mala

Weiße Magie

Matthias Mala

Weiße Magie

Ansata **Basics**

Ansata Verlag
Ansata ist ein Verlag der Verlagsgruppe
Random House GmbH.

ISBN-10: 3-7787-7302-X
ISBN-13: 978-3-7787-7302-4

1. Auflage 2006
Copyright © 2006 by Ansata Verlag, München,
in der Verlagsgruppe Random House GmbH
Alle Rechte sind vorbehalten. Printed in Germany.
Zeichnungen: Matthias Mala
Einbandgestaltung: Hauptmann und Kompanie
Werbeagentur, München – Zürich
unter Verwendung eines Fotos von © G. Kalt/Zefa/CORBIS
Herstellung: Helga Schörnig
Satz: C. Schaber Datentechnik, Wels
Druck und Bindung: Westermann Druck Zwickau GmbH

Inhalt

Teil 2

Hört, hört, hört, allgütige Geister! Euresgleichen ruft euch. Ich rufe euch.

Hört, hört, hört! Ich rufe an die Macht der Erde. Ich rufe an die Macht des Feuers. Ich rufe an die Macht des Wassers. Ich rufe an die Macht der Winde. Ich rufe an die Macht des Mondes. Ich rufe an die Macht der Sonne. Ich rufe an die Macht des Himmels.

Hört, hört, hört! Kommt hernieder und erhebt mich. Kommt hernieder und erkennt mich. Kommt hernieder und wappnet mich. Kommt hernieder und befriedet mich.

Hört, hört, hört, allgütige Geister. Seht, mein Licht ist unter euch. Seht, mein Licht ist in euch. Seht, mein Licht ist über euch. Bewahrt unser Licht.

Hört, hört, hört! Unermesslich ist die Flamme, die mich nährt. Unermesslich ist der Raum, in dem ich walte. Unermesslich ist die Zeit, in der ich wirke. Unermesslich ist der Geist, der mich beseelt. Unermesslich ist seine Gnade.

Hört, hört, hört! Ich wahre die Leidenschaft in meinen Lenden. Ich wahre das Feuer in meinem Herzen. Ich wahre das Licht in meiner Seele. Ich wahre meinen Namen, den noch niemand vernommen.

Hört, hört, hört, allgütige Geister! Ich rufe euch zu euresgleichen.

IHI LAA
SAAI EME
EL
I
S
E
Z
ORABIE
VA
LE NA
EL
Stimcul
Dmal
Esemeli
Ilemese
Hagonel
Madimi
Heeoa
Ese
DEIMO A

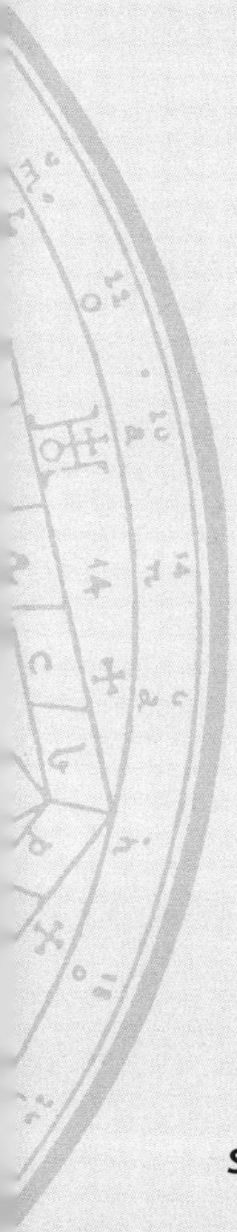

Teil 1

Den Raum der weißen Magie entdecken

Magie ist Raum.
Wer den magischen Raum betreten möchte,
muss diesen Raum in sich suchen.
Er ist ein Abbild der Wirklichkeit.
Seine Zeichen und Bilder sind die Instrumente
des Magiers. Sie zu beleben, ist Zauber.

Bis zu diesem Morgen hatte Carola kaum Ahnung von Magie gehabt, und von weißer Magie schon gar nicht. Sie ahnte aber, dass das, was sich dort am Horizont auf sie zu bewegte, nichts Alltägliches war. Es war die Bedrohung, die sie seit langem befürchtete. Nun also sollte sie Wirklichkeit werden, sie aus ihrem Leben reißen und den gewohnten Gleichklang für immer zerstören. Gleichzeitig wusste sie, dass Flucht unmöglich war. Denn das, was da auf sie zukam, galt nur ihr ganz allein. Ihr Mann, der hinter ihr auf der Terrasse saß, würde von all dem nichts mitbekommen. Er würde aber darunter leiden, sobald dieser kalte Hauch Carola gestreift und das Unglück sie ereilt hatte. Carola wusste, dass sie sich nicht dagegen wehren konnte. Die Kraft, die sie zu übermannen drohte, würde stärker sein als sie. Dies sah sie, und gleichzeitig spürte sie, wie sie sich verspannte, wie sie bis in die letzte Faser ihres Seins Widerstand bot.

Die Bedrohung löste sich vom Horizont und flog auf sie zu. Wenige Atemzüge noch, dann würde sie von ihr erfasst werden. Da erkannte sie jäh: Ihr Widerstand war die Macht des Übels. Sie nährte es durch ihre Gegnerschaft. Ebenso jäh erkannte sie, was es bedeutete, nicht fliehen und sich nicht widersetzen zu können. Sie zog die Luft tief ein und löste sich mit dem Ausatmen. Nun war sie ganz entspannt. Sie setzte der Bedrohung nichts mehr entgegen. Dies tat sie nicht, weil sie sich als Opfer empfand, sondern weil sie um die Ursache wusste. Es war ihre Angst. Die Bedrohung war ihre Angst. Jetzt wehrte sie sich zum ersten Mal nicht mehr gegen diese Angst. Dieser Augenblick veränderte alles. Sie konnte ihre Angst nicht bezwingen, also nahm sie sie an. Sie lud sie ein.

Die übermächtige Bedrohung, die sie gerade mit kaltem Griff packen wollte, verlangsamte sich, kam zum Stillstand und verharrte. Carola war furchtlos und still. Sie spürte, wie sie sehr weit wurde, weit und durchlässig und doch gesammelt. Die Angst war nicht mehr außerhalb von ihr, sondern in dieser Weite in ihr, und dort war sie harmlos. Die Angst war sie selbst und konnte ihr deshalb nicht mehr gefährlich werden. Sie konnte sich nicht mehr gegen sie wenden. Die übermächtige Bedrohung verblasste, lief aus wie eine Woge am Strand. – Carola hatte die Kraft der weißen Magie erfahren. Erkennen, zulassen, lösen. Das war das Geheimnis. Ein magisches Dreieck der Handlung. Es war nun auch ihr Geheimnis. Sie durfte es erfahren und lösen, weil sie es fraglos gewagt hatte, das herkömmliche Muster der Bedrohung zu verlassen.

Die folgenden Beschreibungen und Übungen zur weißen Magie machen Sie zunehmend mit dem magischen Wirken vertraut. Sie werden den magischen Raum erkunden und die Kräfte erproben, die Ihnen dabei zur Seite stehen. Dadurch werden Sie eine Einweihung erfahren. Die eigentlichen Geheimnisse der Magie, die Sie dabei entschlüsseln dürfen, stehen indes nur zwischen den Zeilen. Denn diese Einführung in die Magie ist nur ein Wegweiser respektive ein fein gegliederter Plan, der Sie in und durch den magischen Raum führen wird. Sie aber werden den skizzierten Weg gehen. Sie werden den Raum entdecken und die Macht der weißen Magie erfassen.

Wenn Sie diesem Weg folgen, werden Sie am Ende die Geheimnisse der Magie geborgen haben. Doch dabei handelt es sich nicht um die beschriebenen Rituale und Übungen. Sie sind nur die Schlüssel zu den verborgenen Schätzen. Das eigentliche Geheimnis der Magie ist und bleibt Ihre persönliche Schau, das nicht mit Worten fassbare Empfinden und schließlich die Tatsache, dass Sie sich nunmehr in und mit einem Raum bewegen, der weit größer ist als Sie selbst. Zu den Geheimnissen, die Sie entdecken werden, zählt aber auch die Gewissheit, dass Sie mit Ihrer Bewegung ebenfalls Kräfte bewegen, welche die Wirklichkeit beeinflussen und verändern. Das wahre Geheimnis aber ist die Erfahrung, dass weiße Magie nicht nur ein geistiges Phänomen ist. Ja, sie wirkt!

Bevor Sie sich nun überlegen, was Sie mit dieser Ihnen zuwachsenden Kraft anfangen, sollten Sie sich der Verpflichtung bewusst werden, die Sie eingehen, wenn Sie mit magischen Kräften arbeiten wollen. Weiße Magie ist zwar machtvoll und streitbar, aber sie ist niemals destruktiv. Vor allem aber wäre sie die grundverkehrte Kraft, sofern Sie hoffen, mit ihrer Hilfe Ihr Ego nähren und sich über Ihre Mitwelt erheben zu können. Halten Sie sich lieber an den Leitsatz: »Tu, was du weißt und willst und schade niemandem.« Dann befinden Sie sich auf dem richtigen Weg, diese Kraft zu mehren und ein weißer und vor allem ein weiser Magier zu werden.

Der Leitsatz besagt vor allem, dass weiße Magie auf einem Wissen beruht. Es ist nicht das Wissen über viele Rituale, sondern das Wissen Ihres Herzens um den magischen Raum. Es ist ein Wissen um die Heimat Ihrer Magie. Auch besagt das »Tu, was du weißt«, dass Sie sich, bevor Sie einen Zauber beginnen, über seine Konsequenzen im Klaren sein sollten. Sie sollten wissen, was Sie tun. Das heißt, Sie sollten Ihren Zauber zu jeder Zeit verantworten können. Erst dann wird Ihnen die Freiheit eingeräumt zu tun, was Sie wollen. Diese Freiheit wird allerdings dadurch beschränkt, dass Sie niemandem durch Ihre Magie schaden sollen. Das bedeutet: Ihre Freiheit endet dort, wo die Freiheit Ihres Nächsten beginnt. Weiße Magie ist demnach eine rücksichtsvolle, eine soziale Magie. Die Mahnung, niemandem zu schaden, ist bestimmt auch eine eigennützige. Denn wenn wir unserem Nächsten schaden, schaden wir mittelbar auch uns selbst, zumindest nach dem magischen Prinzip, demzufolge alles, was wir tun, auf uns selbst zurückfällt.

Was aber ist, wenn wir einen Angreifer abwehren und ihm dabei seine eigene böse Kraft zurückschicken? Müssen wir uns dann fürchten, wieder von dieser Kraft getroffen zu werden? Ganz sicher nicht. Denn wir schaden einem solchen Angreifer nicht. Er schadet allein sich selbst. Auf ihn fällt nur zurück, was er uns sandte. Dies erinnert an die Sage vom Basilisken, einer Schimäre aus Hahn und Schlange, die einen bösen Hauch verbreitet und alles tötet, was sie ansieht. Ein Basilisk wird dadurch bekämpft, dass man ihm einen Spiegel vorhält. Er sieht sich im Spiegel und platzt an seiner eigenen Bosheit. In diesem Sinne ist ein Weißmagier ein Drachentöter, der das Übel mit dessen eigenem Pesthauch vernichtet.

Damit kommen wir zur wesentlichen Aufgabe der weißen Magie, nämlich ihrem konstruktiven Wirken und ihrem Bestreben, Harmonien anzustimmen und zu erhalten. Schließlich wird die weiße Magie gemeinhin und aus gutem Grund vor allem als Schutzzauberei verstanden, durch die Personen, Familien, Wohnung und Besitz vor Schaden bewahrt werden sollen. Dies beginnt mit der Auswahl eines Amuletts und reicht über den Schwellensegen für das Haus, bei dem die Zeichen C+M+B mit Kreide an die Haustür geschrieben werden, bis hin zum Wetterzauber, der das Haus vor Blitzschlag schützen soll. Ergänzend zum Blitzableiter wird noch heute vielerorts ein Wetterkreuz errichtet, das die Blitze vom Haus ablenken soll.

Weiße Magie bietet aber nicht nur Schutz. Formen des Liebeszaubers zählen ebenso zu ihr wie der Trennungszauber, wenn die Liebe wieder abkühlt. Der Heilzauber ist genauso ein weißmagischer Zauber wie der erwähnte Abwehrzauber, der dafür sorgt, dass der Feind in seiner eigenen Bosheit kocht. Mit weißer Magie können Sie auch Ängste und Sorgen lindern, indem Sie Kräfte sichtbar machen und dadurch den Blick auf das Gegenwärtige verändern. Einen veränderten Blick bewirkt auch die Zukunftsschau, die gleichfalls zur weißen Magie gezählt wird. Der Blick in die Zukunft erlaubt uns auch, magische Strategien zu entwickeln, um unser Geschick zum Guten zu wenden. Gleichzeitig schult der Umgang mit weißmagischen Praktiken unsere Intuition. Wir wissen früher und deutlicher, was unsere Mitmenschen bewegt, was sie verbergen und was sie sich erhoffen, weil wir tiefer blicken und ihre vorgehaltenen Masken keine Hindernisse mehr sind.

Die folgenden Anleitungen aus dem breiten Spektrum der Magie stellen eine Auswahl dar und wollen Sie anregen, selbst kreativ zu werden und durch Rollenspiel und Einsatz von Symbolen Ihre persönliche Zaubersprache zu finden. So wirkt das Prinzip der Einweihung fort, wonach Sie sich selbst Meister und Schüler sind: Sie lernen von sich und durch Ihre Praxis. Dadurch bekommt Ihre Magie eine ganz persönliche und unverwechselbare Note, denn die Energie, die Sie bewegen, wird zu Ihrer eigenen Kraft. In dieser Weise beweist sich weiße Magie als eine schöpferische Kraft, denn der Zuwachs an Kraft bedeutet auch ein Mehr an Charisma und Lebensweisheit.

Damit nähern Sie sich dem eigentlichen Kern der weißen Magie, denn mit Entstehung der Gnosis vor mehr als 2000 Jahren wurde weiße Magie als ein Weg der Gotteserkenntnis verstanden. Heute formuliert man diesen Anspruch etwas bescheidener und versteht weiße Magie als einen Weg zur Selbsterkenntnis, denn jeder, der sich mit weißer Magie beschäftigt, wird sich und seinen Platz in der Welt umfassender betrachten. Er wird sich in Bezug zu seiner Mit- und Umwelt setzen und sein Handeln reflektieren.

Durch Ihre Zauberhandlung verändert sich Ihr Blick für die Zusammenhänge. Sie sehen nicht nur die materiellen Verknüpfungen, sondern beachten auch die seelischen und geistigen Verflechtungen, in denen wir uns bewegen. Sie erkennen Ihre Person als vergänglichen Schein und entdecken gleichzeitig den Raum, in dem Ihre Seele zu Hause ist. Ihre Zauberhandlung wird also immer weniger ein Mittel zum Zweck sein. Vielmehr wird sie sich mehr und mehr selbst zum Zweck, nämlich zur Möglichkeit, in kontemplative Zwiesprache mit der Welt zu treten. Sind Sie auf diesem Weg erst so weit vorgedrungen, wird Ihnen die weiße Magie, oder besser gesagt ihr Raum, zum alltäglichen Begleiter, auch wenn Sie vermutlich immer weniger konkrete Zauber ausüben. Denn noch ehe Sie mit einer Zauberhandlung beginnen, wird der Raum die Wirklichkeit geglättet haben und Ihnen Einsicht in eine himmlische Führung gewähren, der Sie zunehmend vertrauen werden. Immerhin folgen Sie dem Pfad der alten Meister, die sich darum bemühten, hinter ihrem zauberischen Wirken den Schöpfer zu erkennen. Denn auch den alten Magiern ging es letztlich nicht um die sichtbare Zauberhandlung, sondern um das innere Ritual, in dem sich ihr Geist mit dem Höchsten vermählte. Dass sie gleichwohl auf die Zauberhandlung nicht verzichteten, war für sie ein Ausdruck ihrer Bescheidenheit und Demut, denn sie versagten sich der Wirklichkeit nicht und verstanden ihre Begnadung auch als eine Verpflichtung, ihrer Mitwelt durch die Kraft ihrer Magie zu helfen.

Wenn Sie also wirklich erfahren wollen, was weiße Magie ist, sollten Sie sich zunächst damit beschäftigen, was weiße

Magie nicht ist. Denn: »Zum Magier wird, wer weiß, was Magie nicht ist.« Vor allem sollten Sie die weiße Magie weder überhöhen noch zur Kuschelmagie verniedlichen, denn dadurch würden Sie die Magie in weite Ferne entrücken und sich den Zugang zu ihr verschließen.

Nähern Sie sich der weißen Magie also nicht mit Glaubenssätzen oder wohlfeilen Behauptungen wie: Sie darf niemandem schaden. Sie darf den freien Willen eines anderen nicht beschneiden. Sie soll heilsam und stets konstruktiv sein. Sie soll den Menschen helfen. Sie soll Feinde abwehren, ohne sie zu strafen. Ein weißer Magier soll uneigennützig sein. Seine Magie soll inneren und äußeren Frieden bringen. – Ja, die weiße Magie wird oft gar als magische Wohlfahrt für jedermann verstanden.

Wer weiße Magie so verstehen will, weiß nichts von ihr und will auch nichts von ihr wissen. Vielmehr fürchtet er sich vor ihrer Kraft, weil er die Grenze zum Unbenennbaren nicht überschreiten will.

Weiße Magie ist streitbar

Entsprächen die oben aufgezählten Ansprüche der weißen Magie, wäre sie als Ordensregel für eine Gemeinschaft sich selbst verleugnender Mönche gut. Sie wäre vielleicht eine Sammlung moralischer Regeln und ethischer Grundsätze, doch niemals Magie. Denn jede Magie ist Macht. Jede Magie greift in die Welt ein. Auch weiße Magie ist Macht, und wenn wir Magie ausüben, wenden wir uns an eine Kraft, die größer und umfassender ist als wir selbst. Durch die weiße Magie nehmen wir Anleihe bei dieser Kraft und ihrer Macht. Diese Macht ist nicht negativ, es ist eine durch und durch gute Kraft. Selbst wenn wir wollten, könnten wir sie nicht ins Negative verkehren. Solange wir weiße Magie betreiben, wenden wir uns an diese gute Kraft. Wollten wir dagegen Schlechtes mit ihr bewirken, würde sie sich uns versagen.

Betrachten wir darum nur eine der üblichen vereinfachenden Forderungen an die weiße Magie näher, nämlich: Weiße Magie darf nicht schaden! Wollen Sie mit Ihrer Magie tatsächlich keinem schaden, dürfen Sie keine Magie ausüben. Denn durch Magie lenken Sie Kräfte, die Ihre Mitwelt beeinflussen. Lenken Sie zum Beispiel die ungute Energie eines Widersachers auf diesen zurück, so setzen Sie ihn seiner eigenen destruktiven Kraft aus. Diese Kraft wird ihn schädigen. Sie wollen ihn damit zwar primär nicht beeinträchtigen, dulden dies aber, damit er durch seinen im Grunde selbstverschuldeten Schaden klug wird und seinen Angriff gegen Sie einstellt.

Doch selbst wenn Sie Ihre Magie nur für sich allein einsetzen und darauf achten, dass Sie die Sphäre keines Mitmenschen verletzen, werden Sie andere Menschen beeinträchtigen. Wenn Sie sich beispielsweise durch eine Verspiegelung schlechten Energien entziehen, werden sich diese, sofern sie massiv genug sind, ein anderes Ziel suchen. Oder wenn Sie sich dank Ihrer Magie in Ihrer Spiritualität so weit entwickeln, dass Sie die Motive Ihrer Mitmenschen durchschauen und sich in der Folge von so manchem abwenden, werden Sie diese Menschen durch Ihren Rückzug möglicherweise auch schädigen.

Wer von der weißen Magie verlangt, sie solle schadlos sein, ist weltfremd. Weiße Magie wird vor allem ausgeübt, um Schaden abzuwenden und Schutz zu schaffen. Diese Wehrhaftigkeit aber ist durchaus streitbar.

Eine streitbare Visualisation

Oft genügt die bildhafte Vorstellung von der Kraft eines Zaubers, um magischen Schutz zu schaffen. Einmal beriet ich Julia, eine ältere Dame, die in einem Dorf am Rande der Lüneburger Heide lebt. Ihre Eltern waren vor langer Zeit dort hingezogen, aber die Familie war nie so richtig heimisch geworden. Um dennoch eine bessere Bindung zu den Dorfbewohnern aufzubauen, beschäftigte sich Julia nach ihrer Pensionierung mit der Geschichte des Ortes. Sie fand heraus, dass es in diesem Dorf eine dunkle magische Tradition gab, die über Generationen zurückreichte. Noch immer pflegten zwei Familien Blutrituale mit Schlachttieren und verdingten sich mit Schadenszauberei. Diese Information erklärte ihr eine Reihe von misslichen Begebenheiten und Ungereimtheiten, und plötzlich kannte Julia auch den Grund für die schlechte Stimmung, der sie so lange ausgesetzt gewesen war. Ich empfahl ihr einen Abwehrzauber, ein Ritual, in dem sie die schlechten Energien auf deren Verursacher zurücklenken sollte.

Erst war Julia skeptisch, ob sie dies tun dürfe, denn es war wirklich eine sehr kalte, Furcht erregende Stimmung, die sie empfand. Einer solchen Energie dürfe man doch niemanden aussetzen, meinte sie. Sehr richtig, stimmte ich ihr zu, und gerade deshalb sollte sie sie an ihre Absender zurückreichen. Das leuchtete ihr ein, und sie begann sich auszumalen, wie sehr die beiden Familien an ihrem eigenen üblen Zauber leiden würden. Dieser Gedanke löste die kristallisierte Kraft vieler kleiner Angriffe in ihrer Seele, und das Bild, das sie sich von der Wirkung ihres Gegenzaubers ausmalte, wurde immer bunter und kräftiger. Ich bestärkte sie darin – und unversehens waren wir mitten in einer intensiven Visualisation. Julias Bilder wurden sehr heftig, und ich merkte, dass sie die magische Nachstellung noch einmal durchlebte, mit dem wesentlichen Unterschied, dass sie nun ihre Widersacher in das Zentrum dieser Kraft visualisierte. Damit machte sie die zentrale Energie für sich handhabbar. Jetzt konnte sie sie eingrenzen und zurückschicken. Hierzu konzentrierte sich Julia auf das Bild der Verursacher. Sie umkreiste es und lenkte die gebündelte Zaubermacht schließlich in deren Nacken, wo sie aufgesogen wurde. Dann verblasste das Bild. Julia war lange still und spürte eine heilsame Wärme in sich aufsteigen. So fand sie nach langer Zeit wieder Frieden.

Anmerkung

Julia hatte sich zwar Schreckliches ausgemalt, aber entgegen ihrer anfänglichen Befürchtung spürte sie, dass sie selbst keinen Schaden angestiftet hatte. Vielmehr hatte sie sich die Wirkung des Zaubers vor Augen geführt, dem sie selbst ausgesetzt war. Doch diesmal entfaltete sich dessen Wirkung unter ihrer Kontrolle. Die Tatsache, dass Sie nun die Kontrolle über das zuvor unkontrolliert Erlittene hatte, beflügelte sie und bereitete ihr geradezu Vergnügen. Für Julia war es ein Befreiungsschlag, ihre Angst verkehrte sich. Sie nahm sie an und erlebte so etwas wie Lustangst, während sie eine Schwelle überschritt, der sie sich bislang nicht einmal genähert hatte. Dieser Kitzel weckte wiederum ihren Mut, mit dieser Kraft zu arbeiten und sie zurückzulenken. Julia erlebte sich im Mittelpunkt des Geschehens. Sie war zum Magier geworden, der den Raum um sich herum verändern konnte. Erstmals war sie imstande, sich das Dunkle anzuschauen und es zu beherrschen. So konnte sie sich schließlich von der Anhaftung an diese Kraft lösen, die unbemerkt und unbewusst längst zu einer Bindung geworden war. Sie schickte das Böse zu seiner Wurzel zurück. Die negative Energie kreiste nun wieder dort, wo sie erzeugt worden war. Julia war frei.

Weiße Magie ist machtvoll

Die Iatromagie – so nannte man einst den Heilzauber – galt lange Zeit als höchste weißmagische Kunst. Ärzte wandten sie auf unterschiedliche Weise an: Vermögende Patienten etwa wurden mit zerriebenen Edelsteinen traktiert, die in hoher Dosierung die Eingeweide mürbe machten, während Ärmere mit einem auf weißes Papier geschriebenen Heilspruch davonkamen. Der Gedanke »wie oben, so unten« beherrschte den

Heilzauber. Damit war gemeint, dass sich niedere Sphären aus höheren herausbilden. Folglich galt die irdische Welt letztlich als ein Abbild der Himmelssphäre, wenn auch mit sämtlichen Nachteilen, die eine materielle Welt beschränken. Dafür konnte man, sofern man die Zeichen zu lesen verstand, himmlische Kräfte beschwören und dem Kranken zuführen.

Nach dem Motto, wer heilt, hat Recht, üben sich seitdem viele im Heilzauber. Handauflegen, Geistheilen, Fernheilen, Edelsteinheilkunde, Aurasoma-Therapie und viele andere, heute praktizierte Heilmethoden basieren auf uraltem weißmagischen Wissen. Viele, die diese Magie ausüben, widmen sich ihr allerdings vor allem, weil sie die Macht der weißen Magie persönlich erfahren wollen. Denn Heilkraft zu besitzen gilt von jeher als Beleg für eine besondere Begnadung und spirituelle Größe. Wer heilt, hat demnach nicht nur Recht, sondern auch die Macht, in magischer Weise in das Rad des Lebens zu greifen. Heilkraft wird vielen Magiern zum Beweis ihrer magischen Macht.

Der Heilzauber zieht selbstverständlich auch Scharlatane an: Beutelschneider und arme Seelen, die mit magischer Macht ihr Ego aufbauen wollen. Andere wiederum glauben Scharlatane zu entdecken, wo sie nur rituelle Trickserei beobachten. So sind die spirituellen Operateure, die Scheinoperationen an Kranken durchführen, immer wieder Ziel selbst ernannter Entlarver. Bei diesen Scheinoperationen wird mittels gewöhnlicher Zaubertricks eine blutige Operation vorgetäuscht, in deren Verlauf der Heiler scheinbar in den Leib des Patienten greift und befallene Innereien herausschneidet.

Die Scheinoperationen, welche die Aufklärer anprangern, sind freilich in der Tat nur ritueller Klimbim. Das tiefere magische Geschehen bleibt indes verborgen. Auffällig ist jedenfalls, dass alle Heiler, die mit dieser Methode nachweislich Erfolg haben, sehr tiefgläubige Menschen sind. Offensichtlich »operieren« sie mit einer Kraft, die sich nur dem spirituellen Menschen erschließt. Es gibt natürlich auch genügend Scharlatane unter den Heilern, die sich genau wie die Aufklärer nur an der Trickserei orientieren und deswegen in ihrem Tun wirkungslos sind. Sie bleiben an der Oberfläche, weshalb ihnen die wirkende Macht der Magie fehlt.

Für Ihren eigenen Zauber bedeutet dies, dass Sie die Rituale nicht zu gering, aber auch nicht zu hoch erachten sollten. Ein Ritual ist nicht die Magie selbst, sondern nur das sichtbare Zeichen einer Zauberhandlung. Wenn Sie vor einem magischen Hintergrund handeln, wird Ihnen Ihr Ritual zum Medium, durch das die Kraft gelenkt und in der Welt wirksam wird. Fehlt der magische Hintergrund, bleibt das Ritual billiger Schein. Doch auch hier sollten Sie die Macht der Magie nicht gering achten. Viele magische Rituale haben durch ihre hohe Anziehungskraft durchaus die Macht, aus sich heraus magische Energie herbeizuziehen. Das musste schon so mancher Jugendliche erfahren, der sich leichtfertig auf ein magisches Ritual eingelassen hatte.

Wie wenig harmlos eine magische Heilung sein kann, zeigt eine Episode, die über Jiddu Krishnamurti, einen der wenigen wahren Weisen, erzählt wird. Krishnamurti, so heißt es, habe nach seiner Erleuchtung in den Zwanzigerjahren des letzten Jahrhunderts auch Kranke geheilt, die sich mit der Bitte um Heilung an ihn gewandt hatten. Unter anderem soll er einen Blinden sehend gemacht haben. Dieser aber dankte der Mitwelt seine Genesung schlecht, denn er wurde kriminell und tötete schließlich einen Menschen. Seitdem verzichtete Krishnamurti auf den Einsatz seiner Heilfähigkeit.

Der Heilzauber ist ein deutlicher Beweis dafür, dass eine immense Macht hinter der weißen Magie steht. Wenn Sie sich also auf die Magie einlassen, lassen Sie sich auch auf diese Kraft ein. Hierdurch wächst Ihnen eine besondere Verantwortung zu. Und die verlangt von Ihnen, dass Sie eher auf einen Zauber verzichten, als einen überflüssigen Zauber auszuüben. Wenn Sie sich daran halten, werden Sie die Kraft nicht verschwenden, sondern sie wird Ihnen zunehmend zum Begleiter werden. Schließlich werden Sie allein durch diese Kraft wirken, auch ohne dass Sie einen konkreten Zauber ausüben.

Zum Magier wird derjenige, durch den die magische Kraft auch ohne Zauber wirkt. Dann herrscht der Zauber, wo immer der Magier ist.

Ein kleines machtvolles Ritual

Wie selbstverständlich man mit der Zauberkraft umgehen kann, erzählte mir ein guter Freund. Seine Schwester hatte ihre Tochter in einer Privatschule eingeschult. Kurz vor Schulbeginn musste sie aus geschäftlichen Gründen in eine andere Stadt ziehen. Dort versuchte sie, ihre Tochter in eine gleichwertige Privatschule einzuschulen, was wenige Tage vor Schulbeginn so gut wie aussichtslos war. Entsprechend mutlos suchte sie meinen Freund auf. Die Schuldirektorin hatte seine Nichte auf Platz drei der Warteliste gesetzt, ihr aber keine großen Hoffnungen gemacht.

Ob er für seine Nichte einen Zauber machen könne, fragte die Mutter meinen Freund. Er, der nur selten magische Rituale

Zauberskizze mit Zauberspruch

durchführte, zögerte diesmal nicht. Er nahm seine Nichte zur Seite und schrieb in ihrem Beisein auf einen weißen Zettel: »Diesen Schulplatz für Henrike.« Diesen Satz untermalte er mit einem Pfeil, der eine Ziellinie durchstieß. Anschließend ging er mit ihr an seinen Kraftplatz und steckte drei Räucherstäbchen an. Dazu verbrannte er den Zettel. Auf die Frage seiner Nichte, was er da mache, antwortete er wahrheitsgemäß: »Wir zaubern dich in die Schule.« Gleichzeitig verformte er in symbolischer Weise den Raum, indem er seine geöffnete linke Hand aufrecht über den Rücken seiner rechten Hand gleiten ließ. Als er spürte, dass die beschworene Kraft ihrem Ziel zufloss, beendete er das Ritual, indem er die Asche des Zettels auf einen weißen Bogen Papier streute, ihn zu einem Brief faltete und zur Seite legte. Dabei wiederholte er langsam die Worte »Diesen Schulplatz für Henrike.«

Am nächsten Tag rief die Schuldirektorin bei Henrikes Mutter an und teilte ihr mit, dass ein Platz frei geworden sei. Ein Elternpaar hatte seine Tochter wieder abgemeldet und die beiden Kinder, die vor Henrike auf der Liste standen, waren mittlerweile bereits auf einer anderen Schule eingeschult worden.

Anmerkung

Das Ritual meines Freundes war in der Tat sehr schlicht. Es beschränkte sich auf einen klar formulierten Wunsch, ein eindeutiges Symbol, eine Geste, einen Brief, in dem der Zauber bewahrt wurde, sowie auf den üblichen äußeren Rahmen, nämlich Kraftplatz und Räucherwerk. Dieser einfache und klare Ablauf ermöglichte die besondere Aufmerksamkeit für die Energie. Hinzu kamen zwei besonders machtvolle Merkmale. Das eine war die »raumformende« Geste. Dabei handelt es sich um eine pointierende Bewegung, durch welche die Energie – bei entsprechender Konzentration – ihrem Ziel zugeschoben wird. Diese Manipulation des Raumes ist nur möglich, wenn man mit der magischen Macht als Ausformung der Energie vertraut ist. Dann spürt man die wirkende Magie wie eine Strömung oder einen Wind in beinahe sinnlicher Weise und der Zauber wird zu einer fassbaren Dimension. Das zweite entscheidende Merkmal war die Anwesenheit der Person, für die der Zauber arrangiert worden war: Henrike. Sie war die aktiv teilnehmende Beobachterin des Rituals. In ihrer kindlich unverstellten Weise war ihr das Geschehen verständlich und somit auch selbstverständlich. Dadurch konnte die Energie fließen. Sie spürte die Macht des Zaubers und ließ sie zu.

Eingeweiht ist, wer den magischen Raum betritt

Bevor Sie mit einem Ritual beginnen, sollten Sie in sich gehen und Ihre Motive erforschen. Denn erst wenn Sie sich der Kraft der weißen Magie selbstlos zuwenden können, wird sich ihr Raum für Sie öffnen. Wenden Sie sich also dem magischen Licht zu und lassen Sie sich von ihm bescheinen – um erkannt zu werden. Treten Sie in Kommunikation mit der Kraft. Lassen Sie sich von ihr durchschauen. Und in dem Maße, in dem Sie sich durchschauen lassen, werden Sie auch Ihre falschen Motive durchschauen und sich von ihnen zu lösen beginnen. Dann wird irgendwann der Augenblick kommen, wo Sie sich bewusst ins Licht stellen. Von da an wird die Kraft der weißen Magie um Sie sein. Sie werden sie unmissverständlich spüren und wissen, dass Sie sich nunmehr auf dem richtigen Weg befinden.

Absichtslosigkeit ist die innere Haltung des Magiers. Sie nährt seine Gelassenheit. Diese Ruhe ist die Wurzel seiner Kraft.

Die Ahnung vom Raum als Einweihungsritual

Von jetzt an wissen Sie um die Kraft. Und Sie wissen, dass Magie die bewusste Wahl der Kraft ist. Diese Wahl kommt einer Initiation gleich, denn Sie können sie nur treffen, wenn Sie sich auf eine Neugeburt einlassen. Sie müssen alles Gepäck vor der Pforte lassen, die Sie durchschreiten wollen. Das heißt: Sie müssen sich von Ihren Vorstellungen, Sehnsüchten, Wünschen und Hoffnungen, ja sogar von Ihren Idealen befreien. Denn all das gehört zu den Eitelkeiten, die Sie daran hindern, sich zu lösen. Und nur wenn Sie gelöst sind, können

Sie zu einem Tropfen im großen Strom werden, zum Tropfen, der mit der Kraft fließt und der mit Myriaden anderer Tropfen diese Kraft bildet. Sie werden zum lebendigen Fluss.

Nachdem Sie durch die Pforte gegangen sind, werden Sie das abgelegte Gepäck nicht mehr aufnehmen. Und solange Sie kein neues Gepäck, sprich: keine neuen Vorstellungen, Regeln und Dogmen aufnehmen, sind Sie frei, sich mit dem Strom zu bewegen. Andernfalls werden Sie zum Treibgut, das mal mit der Strömung schwimmt, mal am Strand liegt und mit der Zeit zu Sand zerrieben wird. – Mit der Wahl für die Kraft der weißen Magie haben Sie die Kraft der Schöpfung für sich gewählt. Das ist der Beginn einer spirituellen Freiheit, und solange Sie spirituell ungebunden bleiben, sind Sie in der Magie.

Eine Ahnung von der Unermesslichkeit dieser Kraft und von ihrer allumfassenden Weite erlangen Sie, wenn Sie sich auf eine kleine Initiation einlassen. Das ist zwar kein großes Ritual, aber dennoch nicht ganz ungefährlich – so wie keine Initiation ohne Gefahr ist. Denn wer den Sprung nicht wagt, läuft Gefahr, entweder auf der einen Seite zu verkümmern oder nur halbherzig zu springen und in den Graben zu stürzen. Lassen Sie sich also bitte nur dann auf das nachfolgende Experiment ein, wenn Sie sicher sind, dass Sie es von Anfang bis Ende konzentriert durchführen wollen.

▶ Den magischen Raum erkunden

Warten Sie auf die Abenddämmerung. Suchen Sie sich einen Platz, an dem Sie eine Stunde lang allein und ungestört sind – im Freien oder in Ihrer Wohnung.

Legen Sie sich flach auf den Rücken und öffnen Sie Arme und Beine leicht. Entspannen Sie sich und schließen Sie die Augen.

Denken Sie an die Sonne, die vor kurzem hinter dem westlichen Horizont verschwunden ist. Denken Sie an den Weg, den sie vor sich hat, bis sie im Osten wieder aufgeht. Wollen Sie Ihr entgegenfliegen? Versuchen Sie es. Bewegen Sie sich in Gedanken gen Osten. Wandern Sie in die aufziehende Nacht. Sie haben keine Eile. Sehen Sie, wie die Sterne aufleuchten und wie es immer mehr werden, bis sie ohne Zahl die Nacht schmücken. Wählen Sie sich hoch am Firmament einen Stern, der Sie begleiten soll. Er gibt Ihnen Halt, wenn Sie meinen, sich in der Weite der Nacht zu verlieren. Schweben Sie ihm entgegen. Ahnen Sie den Silberfaden, mit dem er Sie hält.

Verweilen Sie nun hoch oben am Himmel. Atmen Sie mit der Nacht, pulsieren Sie mit ihr. Sie werden leicht und schweben Ihrem Stern zu. Lassen Sie sich Zeit. Sie müssen ihn nicht erreichen. Sie sind bei ihm, sobald Sie mit der Nacht schwingen. Sie sind die Nacht, und in ihr sind Sie Ihr Stern.

Wagen Sie es. Lösen Sie sich. Wehen Sie über sich hinaus. Atmen Sie sich in die nachtblaue Weite, wehen Sie in sie hinein. Sie weiten sich nach allen Seiten. Blicken Sie zurück. Tief unter Ihnen schwebt der Globus, nachtgrau zieht er seine Bahn durch die Nacht. Lauschen Sie der Stille. Sie ist so weit wie die Nacht. Sie spannen sich noch weiter. Jetzt sehen Sie, wie Sonnenlicht den Rand des Globus erhellt und sich golden in der Atmosphäre bricht. Mit wenigen Atemzügen wehen Sie noch tiefer in die Nacht und verschmelzen mit der Dunkelheit, die so tiefschwarz ist, dass sie wie voll Farbe wirkt. Sie sehen, wie die Nacht von Licht durchwirkt ist; erkennen, dass es keinen Ort, keinen Schatten ohne Licht gibt. In der tiefsten nachtschwarzen Dunkelheit entdecken Sie das Licht. Licht ist um Sie. Sie sehen die Sonne. Ein heller, ferner Kreis inmitten der Nacht, in die sich ihr Licht ergießt. Ihr Licht ergießt sich in Sie. Sie sind die Nacht, die zum Licht wird. Es ist Licht. Sie fließen in die Unendlichkeit. Es gibt kein Enden mehr, nur noch Atmen und Fließen. Es herrscht Stille. Unendliche Stille. Lauschen Sie ihr.

Bleiben Sie so unermesslich weit. Schauen Sie auf sich hinab, wie Sie dort liegen und gleichzeitig den Himmel umspannen. Sie sind bei sich und doch grenzenlos weit. Sammeln Sie sich jetzt. Lassen Sie das Licht, das Sie sind, auf sich scheinen. Sie spüren, wie Sie sich wieder nähern, und doch verlieren Sie die Weite der Unermesslichkeit nicht. Kommen Sie sich noch näher. Der Raum verdichtet sich, doch seine Weite bleibt erhalten. Das Licht der Nacht ummantelt Sie. Es ist wie ein Lichtkleid, das Sie umhüllt. Es ist goldener Schein. In diesem Lichtkleid erblüht Ihre Aura zum himmlischen Farbenspiel des Regenbogens. Erfreuen Sie sich an diesem Lichtspiel. Verweilen Sie in Ihrem himmlischen Schein.

Wandern Sie nun in Gedanken weiter nach Osten. Sehen Sie, wie die Nacht verblasst, wie sich das mitternächtliche Schwarzblau im milchigen Blau des Morgens verliert und wie die Lichter der Nacht vom Licht des kommenden Tages eingesammelt werden. Zuletzt scheint nur noch der Morgenstern im Osten. Der Horizont färbt sich golden. Blicken Sie tief in diese goldene Dämmerung. Bald wird die Sonne über den Horizont steigen.

Öffnen Sie die Augen. Sie liegen im Dunklen. Und doch sehen Sie den goldenen Schein des Lichtkleides, das Sie umgibt. Es ist das goldene Licht der Morgendämmerung. Blicken Sie tief in diesen Schein. Sie sehen die goldene Naht des Horizonts. Sie sehen, wie sie in der Mitte immer heller wird, sich leicht hebt, als goldene Kugel über den Horizont steigt und den Rest der Naht wie eine Schleppe hinter sich herzieht. Sie ist so groß, dass Sie sie mit beiden Händen halten könnten. Jetzt löst sie sich vom Horizont und schwebt. Es ist Ihr Raum. Er ist grenzenlos. Der Schein Ihres Lichtkleides fliegt der kleinen Sonne zu und sie öffnet sich für Ihr Licht.

Sie haben die Augen immer noch offen und sehen, wie Ihr Lichtkleid die goldene Kugel von innen her durchwirkt. Die Farbe der Kugel verändert sich, ihr Leuchten wird stärker. Das Gold glimmt ins Weiße und das Weiße wird von einem Anflug zarten Blaus erhellt. An den Rändern der Kugel flammt das Licht des Regenbogens auf – die Aura des Lichts. Schließen Sie jetzt die Augen, und spüren Sie, wie sich das Licht in die Nacht ergießt. Die Kugel wird immer blasser und verliert sich allmählich vor dem nachtblauen Firmament.

Jetzt haben Sie eine unmittelbare Empfindung für die Weite des Raumes. Es ist der Raum der lauteren weißen Magie, den Sie fortan mit sich führen werden. Seien Sie ganz gelöst. Sie gehen in den Raum über und der Raum geht in Sie über. Es gibt keinen festen Punkt, nur diesen Raum, und der ist voll Energie. Kreuzen Sie nun die Arme vor der Brust und schließen Sie die Beine. Öffnen Sie die Augen, blicken Sie in die Dunkelheit und rufen Sie sich selbst drei Mal beim Namen. Antworten Sie sich beim dritten Mal mit: »Ja, ich bin da. Die Kraft ist da. Es ist die Kraft.« Beenden Sie das Ritual, indem Sie sich erheben und Licht machen.

Vordergründig basiert dieses Ritual auf Imagination. Wenn Sie allerdings ausschließlich auf der Ebene Ihrer Vorstellungskraft bleiben, werden Sie zwar eine angenehme Stunde mit Ihren Bildern genießen, aber den Zweck der Übung verfehlen. Der besteht nämlich darin, dass Sie eine spirituell sinnliche Wahrnehmung des magischen Raumes provozieren. Die verschiedenen Augenblicke der Lösung während des Rituals sollen diese Wahrnehmung bewirken. Wenn sie sich einstellt, können Sie sie als eine besondere Sensibilität wahrnehmen: Sie können Phänomene über größere Distanzen körperlich mitempfinden, Ihr Körperbewusstsein dehnt sich in den Raum aus, Ihre Aura wird geradezu sinnlich empfindsam. Diese Empfindsamkeit geht in den Raum über, und Sie entwickeln ein Raumbewusstsein für die magische Kraft, ein Selbstverständnis für eine räumliche Existenz, die über Ihre körperliche Begrenzung hinausgeht. Wesentlich dabei ist, dass Sie sich selbst nicht als Zentrum dieses Raumes verstehen. Vielmehr empfinden Sie die Weite des Raumes als die Substanz der Wahrnehmung. Ihre Wahrnehmung ist nicht mehr konzentrisch auf Ihre Person bezogen, sondern wird weitläufig und vielseitig.

Über diese dezentralisierte Wahrnehmung gelangen Sie allmählich zu einer Raumidentität. Sie wird sich Ihnen derart vermitteln, dass Sie in sich ein Selbst empfinden, das weiter reicht als Ihre Person. Dieses Selbst werden Sie als etwas Räumliches, Sie Begleitendes wahrnehmen. In der magischen Praxis äußert sich diese Raumidentität dahingehend, dass der Impuls, der von Ihnen ausgeht, zur Bewegung des Raumes wird. Es gibt kein Zentrum, aus dem heraus die Energie fließt, vielmehr ist die Magie ein komplexes Wirken des magischen Raumes. In gleicher Weise werden Sie magische Impulse, die auf Sie gerichtet sind, als räumliche Bewegungen verstehen. Ihr Raum verändert sich, und diese Veränderung löst wiederum eine Bewegung aus. Wahrnehmen und Handeln wird somit zu einem Geschehen. Die Bewegung des Raumes wird zur eigenen Bewegung und

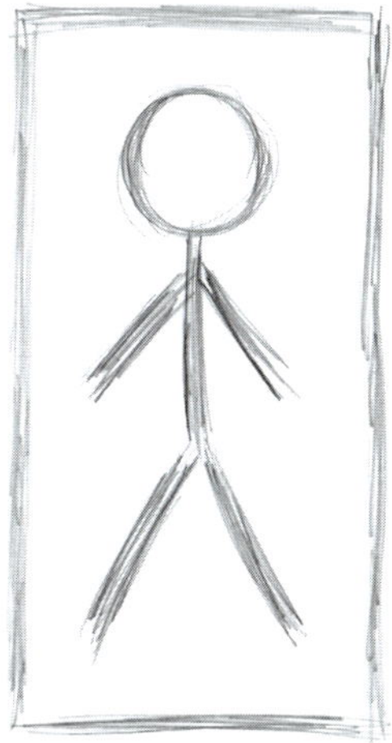

Der magische Raum als Symbol in einem klar gegliederten Siegel

magisches Wirken wird für Sie zu einer allgegenwärtigen Lebensweise.

Damit Sie den magischen Raum als lebendiges Phänomen erfahren können, sollten Sie jede Ablenkung vermeiden. Aus diesem Grund ist das Ritual so schlicht und schnörkellos angelegt. Schmücken Sie es also nicht aus. Es geht hier nur um die Wahrnehmung des magischen Raumes. Dieses Ziel ist Ihr erster Schritt auf dem Weg der weißen Magie. Und auf diesem Weg ist jeder Schritt ein Schritt in ein unbekanntes Land und somit eine Entdeckung.

Die Haltung, in der Sie während des Rituals zur Erkundung des magischen Raumes liegen, wirkt auf selbstverständliche Weise entspannend. Wenn wir sie mit wenigen Strichen skizzieren, sehen wir zwei Pfeile, die auf einen Kreis weisen. Gleichzeitig zeigt die Skizze in naiver Manier einen offenen, neutralen und friedfertigen Menschen. Zeichnen wir nun noch eine Liegestatt um die Figur, haben wir ein gültiges Symbol für den Menschen im magischen Raum. Dementsprechend kann man diese Zeichnung als magisches Siegel einsetzen, wenn man neutralisierend auf Kräfte und Räume wirken will. Eine solche Neutralisation dient vor allem der energetischen Beruhigung und ist damit eine wesentliche Voraussetzung für eine anschließende Harmonisierung des Energieflusses. Denn häufig ist es nicht angebracht, einer schlechten Schwingung einfach eine positive Energie entgegenzusetzen. Dies würde nämlich eher zur Verdichtung und Stabilisierung der unerwünschten Kraft beitragen, womit die gute Kraft vergeudet wäre.

Neutralisieren Sie zunächst die schlechte Schwingung, indem Sie sie isolieren und ihr die negative Polung nehmen. Hierdurch klärt sich der Raum. Danach haben Sie es viel leichter, eine positive Kraft dauerhaft zu installieren.

▶ Neutralisation mit dem Siegel

Wenn Sie dieses Siegel einsetzen wollen, um einen Ort, ein Gebäude oder einen Raum zu neutralisieren, zeichnen Sie es mit Bleistift auf ein weißes Blatt Papier und legen es an dem betreffenden Ort aus. Wollen Sie dagegen einen bekannten Energiestrom, zum Beispiel das Neidgefühl eines Kollegen, neutralisieren, schreiben Sie den Namen der Kraft an das Kopfende der Skizze. Sobald Sie merken, dass die ungute Kraft geschwunden ist (das können Sie beispielsweise mit einem Pendel überprüfen), bestreuen Sie das Blatt mit geweihtem Salz und lassen es über Nacht unberührt liegen. Am nächsten Morgen wischen Sie das Salz ab und spülen es mit Wasser fort. Anschließend schneiden Sie den Kreis aus der Skizze aus und verbrennen ihn. Den übrigen Bogen Papier werfen sie weg. Hierdurch haben Sie die ungute Kraft dauerhaft abgewiesen.

Die Kunst, einen Zauber zu beenden

Nach der Erkundung des magischen Raumes hält der Nachhall des dadurch ausgelösten Zaubers oft mehrere Tage an. Das ist bei diesem Ritual, das einem Initiationszauber gleichkommt, durchaus gewollt und sollte nicht unterbunden werden, damit sich das Unterbewusstsein mit der neuen Situation einer erweiterten Wahrnehmung vertraut machen kann.

Bei anderen Ritualen ist dieser Nachhall allerdings selten erwünscht. Zwar wird während eines Rituals häufig ein tranceartiger Geisteszustand angestrebt, doch sobald das Ritual beendet ist, will der Magier wieder in die fassbare Wirklichkeit zurückkehren und seine alltägliche Präsenz behaupten. Das bedeutet: Der begonnene Zauber muss wirksam beendet werden. Hierfür gibt es verschiedene Möglichkeiten.

ABKLATSCHEN: Nach kleineren Ritualen löst sich der Magier meist durch eine kleine Geste aus der Zauberwelt. Dies kann ein Wegwischen sein, das meist mit der linken Hand Richtung Westen erfolgt, oder ein wechselseitiges Abstreifen der Hände. Häufig wird ein Zauber auch durch mehrmaliges Klatschen in die Hände oder eine wegwerfende Geste beschlossen. Damit soll die zuvor konzentrierte Energie zerstreut werden.

SCHLUSSWORT: Wirksamer noch als eine Geste ist ein laut gesprochenes Zauberwort oder ein Zauberspruch. Solche Sprüche beschließen längere Rituale, in deren Verlauf man sich enger mit den magischen Kräften verbunden hat. Beliebt sind Schlussworte wie Amen, Basta oder Finis. Als Zauberspruch hat sich folgender einfache Reim bewährt, mit dem Sie in Ihre Mitte zurückfinden und gleichzeitig mögliche negative Anhaftungen abweisen:

Das Lied ist gesungen,
der Zauber gelungen.
Ich kehr zurück,
In mir ist Glück.

Endsegen: Um den Zauberspruch noch zu bekräftigen, wird häufig ein Kreuz in die Luft gezeichnet. Als besonders wirksam gilt ein solches Kreuz, wenn es in alle vier Himmelsrichtungen gesetzt wird, im Osten beginnend und im Norden endend.

Ausklingen: Weitere Möglichkeiten zur Beendigung eines Zaubers sind: das Schlagen einer Trommel, das Läuten einer Glocke, das Zusammenschlagen zweier Steine, das Verspritzen geweihten Wassers, das Singen eines Dankliedes oder ein frei gesprochener Dank an die beistehenden Kräfte und ihre Entlassung.

Vor dem ersten Zauber steht die Konfrontation

Wer zaubert, will die Umstände, in denen er sich und seine Mitwelt wahrnimmt, zum Positiven wenden. Das gilt jedenfalls für die meisten Zauberhandlungen und speziell für den Wunsch des Anfängers nach einem Zauber. In meiner Praxis konnte ich häufig genug beobachten, dass das Erleben einer schlechten magischen Einwirkung den Anstoß für das Interesse an weißer Magie gab. Man fühlt sich von Mitmenschen verflucht, von ihren bösen Wünschen und Gedanken bedrängt oder fürchtet sich vor üblen Geistern, die durch die Wohnung spuken oder einem Erbstück anhaften. Folglich wähnt man sich mit schwarzer Magie konfrontiert und will dem eine weißmagische Kraft entgegensetzen.

Ein solcher Irrtum kann leicht zum Irrweg werden. Jedenfalls haben wir es in den wenigsten Fällen von magischer Verfolgung tatsächlich mit echter schwarzer Magie zu tun. Meist handelt es sich um »magischen Pfusch« wie einen stümperhaften Liebeszauber, einen misslungenen Schutzzauber oder einen Abwehrzauber, zu dem man Geister rief, die man besser in Frieden gelassen hätte. Doch im Prinzip löst man sich immer auf die gleiche Weise aus einer üblen magischen Nachstellung, ganz egal ob es sich um magischen Pfusch oder einen echten Fluch handelt: durch Konfrontation, und zwar mehr im Sinne von Raumbehauptung als von Gegenüberstellung. Die schlechte Kraft engt uns ein und wir wollen entgegen dieser Stoßrichtung unseren Raum behaupten.

Ein Fluch ist nicht nur eine konkrete Verwünschung. Auch die Kraft böser Gedanken und abweisender Kälte kann zum Fluch werden. Eine solche Kraft löst der Magier wie einen Fluch.

▶ Einen Fluch aufheben

Gernot nahm die Verwünschung, die gegen ihn ausgesprochen worden war, nicht ernst. Sein Widersacher war wütend und eifersüchtig gewesen, da sagt man schon mal etwas Unüberlegtes. Doch nach

Tagen bemerkte Gernot, dass sich die Stimmung um ihn herum änderte. Es war ihm, als sei er ständig einem kalten Novemberregen ausgesetzt. Was immer er in Angriff nahm, ging schief. Freunde und Bekannte schienen ihn zu meiden. Ihre Fröhlichkeit verflog, sobald er sich zu ihnen gesellte. Langsam wurde Gernot bewusst, dass die Verwünschung Wirkung zeigte. Er prüfte gründlich, ob er vielleicht einer Selbstsuggestion aufsaß. Doch die Anzeichen dafür, dass die negative Kraft wirkte, verdichteten sich. Er war verflucht. Intuitiv war ihm klar, dass er dem etwas Gleichwertiges entgegensetzen musste. Also suchte er nach einem Zauber gegen den Zauber. Bei einem Kollegen, der sich mit Metaphysik auskannte, fand er Rat.

Er empfahl Gernot, sich weniger dem Fluch entgegenzustellen, als vielmehr seinen eigenen Raum zu klären, und gab ihm den Rat, den Fluch rückwärts auf einen Zettel zu schreiben und diesen in einen nahen Bach zu werfen. Anschließend ging Gernot nach Hause und räucherte in allen Räumen. Am Ende schritt er im Wohnzimmer mit der Räucherschale dreimal einen Kreis ab, stellte sich in die Kreismitte und die Räucherschale gegenüber auf den imaginären Kreisrand.

Dann begann er sich langsam zu drehen. Dabei richtete er die Handflächen nach außen und bewegte sie, als befände er sich unter einer gläsernen Glocke und taste diese ab. Nachdem er sich einmal im Kreis gedreht hatte, stand er wieder still und legte die Hände mit den Handflächen aneinander, die Fingerspitzen Richtung Räucherschale. In Gedanken zog er nun die Kraft des Fluches herbei, bis er das Gefühl hatte, dass sie vor ihm im Kreis anwesend war. Gleichzeitig spürte er, dass diese Kraft keine Verbindung mehr zu ihm hatte. Der rückwärts geschriebene Fluch wirkte bereits. Er holte tief Luft und blies die Kraft über seine Hände in Richtung Räucherschale und zum Kreis hinaus. Danach drehte er sich erneut um seine eigene Achse und bewegte die Hände, als wolle er die Glasglocke, die er zuvor durch Abtasten installiert hatte, mit austreibenden Gesten erweitern. Dazu sprach er: »Dies ist mein Raum. Er ist offen für die weiße Magie. Die gute Kraft wird in ihn eindringen und ihn ausdehnen. Licht wird in ihm sein. Das Siegel ist gesetzt.« Dann schlug er dreimal mit der rechten Faust in die linke Hand und beendete das Ritual.

Von diesem Zeitpunkt an wandelte sich die Stimmung um Gernot wieder zum Guten und die schlechten Energien konnten ihn nicht mehr erreichen.

Tipps für Ihre Zauberpraxis: Gernots Ritual bestand aus zwei Komponenten: erstens aus der Abweisung des Fluches durch die unmittelbare Konfrontation mit der destruktiven Kraft und zweitens aus der Behauptung seines Raumes, die einer heilsamen Hinwendung zur konstruktiven Kraft gleichkam.

Rückwärtsschreiben: Bei der Abweisung des Fluches schrieb er die Worte rückwärts auf Papier. Dies ist altbewährte Zauberpraxis, um einem Ereignis seine prägende Kraft zu nehmen. Hierdurch soll das Geschehene in seiner Wirkung ungeschehen gemacht werden, indem es verkehrt und auf seinen Grund hin gewendet wird. Sie können diesen Zauber für verschiedene Gelegenheiten nutzen, aber besonders angebracht ist er, wenn aus Versehen oder durch Unmut ungute Energien aktiviert wurden. Durch ihre wörtliche Verkehrung werden sie nicht nur neutralisiert, sondern auch gelöst, wie dies bei Gernot geschah. Die Lösung unguter Anhaftung ist häufig der entscheidende Schritt zur Veränderung einer Stimmung.

Ausräuchern und Schutzkreis: Ein weiterer Teil dieses Rituals war die Räucherung der Wohnung und die Installation des Zauberkreises. Ohne die speziellen, in diesem Fall angebrachten Handbewegungen und Worte wäre die Räucherung der eigenen Wohnung eine Zauberhandlung, die Sie in regelmäßigen Abständen wiederholen sollten, denn damit ziehen Sie gute Kräfte herbei und geben diesen durch die anschließende Installation eines Kreises ein Zentrum, aus dem heraus sie ihre Schutzwirkung entfalten können. Ein imaginärer Kreis ist aber auch ein bildhaftes Symbol, das es Ihnen möglich macht, auch andernorts einen schützenden Schirm um sich zu installieren, indem Sie sich an Ihren Kreis daheim erinnern und ihn allein durch Ihre Vorstellungskraft beleben. Um die Kraft des Kreises zu aktivieren ist ein Schlüsselsatz hilfreich. Sagen Sie laut: »Mein Kreis zu mir«, und die Kraft wird sich unverzüglich einstellen.

Tür aus Rauch: Noch ein wichtiges Merkmal war die Tür im Kreis in Gestalt der Räucherschale. Eine Tür öffnet einen Zauberkreis zur Außenwelt. Sie erlaubt dem Zauber, sich zu entfalten, und bannt, was nicht in den Kreis darf. Die Tür in Gestalt einer vor sich hin qualmenden Räucherschale ist besonders wirksam, weil sie von dreidimensionaler Wirkung ist. Der aufsteigende Rauch symbolisiert die Ausdehnung des Kreises in den Raum und stellt dank seines flüchtigen Charakters eine Verbindung zu den lebendigen Kräften der Magie her.

Die magische Kraft des Hexagramms

Es waren keine Ziegel in der Nähe, und doch war er wieder da: der Geruch nach feuchten Ziegeln. Er war kräftiger als sonst. Viktor wusste ihn immer noch nicht einzuordnen, nur eins war ihm klar, der Duft war eine Mahnung, auf die Zeichen zu achten. Viktor dachte darüber nach, worauf er wohl achten sollte. Da läutete das Telefon und unterbrach seine Grübeleien. Er ging zum Schreibtisch und nahm den Hörer ab. Während des längeren Gesprächs zeichnete er unbewusst Figuren und Muster auf die Schreibtischunterlage. Als er den Hörer einhängte, sah er, dass ein offener Kreis, mal als Weg, mal als Mauerring, mal als Blütenkranz, häufiger vorkam. Es war das gleiche Motiv, das er zuvor in Gedanken gemalt hatte. Dies musste das Zeichen sein. Nur was mochte es bedeuten?

Viktor dachte angestrengt nach. Ein Hauch von feuchten Ziegeln und ein offener Ring? Als Architekt kam ihm sofort sein aktuelles Projekt in den Sinn. Er ging die Pläne durch, suchte nach fehlenden Dehnfugen, Durchbrüchen, Türöffnungen. Doch er fand keinen Fehler. Am Abend besuchte er ein Fest, bei dem auch ein Reigen getanzt wurde. Als guter Tänzer reihte er sich ein. Da war er wieder, dieser Duft. Und augenblicklich erkannte Viktor die Bedeutung des Zeichens. Es hatte nichts mit seiner Tätigkeit zu tun. Vielmehr war es eine auf die lange Bank geschobene Einladung, einem magischen Gesprächskreis beizutreten, einem Kreis achtbarer Leute, die seine Kompetenz schätzten.

Schon am nächsten Wochenende fand er sich in diesem Kreis ein. Als er wieder nach Hause fuhr, wusste er, dass das Zeichen des offenen Kreises ihn gemahnt hatte, das Rund zu schließen, denn er fühlte sich ausgeglichen wie seit langem nicht mehr. Er hatte den Schlussstein zu einem Tor gesetzt – deshalb der Geruch von Ziegeln. Sein Suchen hatte ein Ende und er war in eine neue Phase seiner spirituellen Entwicklung eingetreten.

Magische Zeichen lesen lernen

Es gibt durchaus sachliche und rationale Zugänge zur Magie, denn immerhin ist die Magie in gewisser Weise die Mutter der Naturwissenschaften. Die Beobachtung der Natur und die daraus folgende Ableitung von Naturgesetzen war das Anliegen der alten Magier, und ihr Streben war es, den Willen und das Wesen des Schöpfers durch die Natur zu erkennen.

Wer sich der Magie freilich nur mithilfe der Vernunft nähern möchte, wird sich in einem Netz von Annahmen, Vorgaben, Regeln und Dogmen verfangen. Magie reicht weiter und vor allem tiefer als der pure Verstand. Sie will mit dem Herzen, mit der Seele und mit dem Geist erforscht werden. Allein die Wahrnehmung des weißmagischen Raumes ist ein spirituelles Geschehen, das sich mit Vernunft allein nicht erklären lässt. Selbst die wissenschaftlich umstrittene Erklärung von den morphogenetischen Feldern als lenkendem Hintergrund für intuitive Phänomene und magische Beeinflussungen greift hier zu kurz. Die Wahrnehmung des Raumes ist eine Wahrnehmung ursprünglicher schöpferischer Energie und somit ein durch und durch spirituelles Geschehen, das kontemplative Übung voraussetzt.

Im Grunde ist weiße Magie eine Form der Selbsterkenntnis, denn die Beobachtung übersinnlicher Zusammenhänge ist auch ein Erforschen der eigenen Kraft und ihrer Verbindung zu übergeordneten Energien. Der Magier sucht nach Entsprechungen der Energien in verschiedenen Sphären, denn was in der einen Sphäre Erscheinung ist, ist in der anderen Sphäre Zeichen. Diese Sicht einer vielfach durchdrungenen Welt der Sphären gibt eine Kernweisheit der Magie wieder, die dem geheimnisvollen Hermes Trismegistos nachgesagt wird.

Wie oben, so unten; wie innen, so außen; wie im Großen, so im Kleinen; so lautet das eherne Gesetz der Entsprechungen.

Sobald der Magier in einer höheren Sphäre einen Affekt erzeugt, kommt dieser Affekt auf einer niederen Ebene gleichwertig zum Ausdruck und umgekehrt.

Diese Sichtweise führt dazu, dass schließlich auch konstruierte Zeichen als Manifestationen höherer Wesenheiten aufgefasst werden. So sieht man im aufrechten Dreieck den Himmel oder das Element Feuer und somit das männliche, geistige Prinzip, während das verkehrte Dreieck auf die Erde und somit auf das weibliche, irdische Prinzip und das Element Wasser verweist. Werden beide Dreiecke ineinander verschränkt, entsteht das Hexagramm, das auch als Stern Davids beziehungsweise Siegel Salomons bekannt ist. Salomon soll es benutzt haben, um böse Dämonen zu bannen und gute Geister herbeizurufen. Daher wird es noch heute als mächtiges Schutzzeichen geschätzt.

Das Hexagramm als magisches Siegel

In der weißen Magie wird das Hexagramm häufig als Siegel gebraucht, als Zeichen dafür, dass etwas abgeschlossen ist. Beendet man ein Ritual mit einem Hexagramm, so versiegelt man es und sorgt dafür, dass die im Ritual beschworene Kraft so erhalten bleibt, wie sie beschworen und ausgerichtet wurde.

Sie können das Siegel noch dadurch verstärken, dass Sie seinen astrologischen Tagesbezug hervorheben. Jeder Spitze des Hexagramms ist ein Planet zugeordnet und jeder Planet ent-

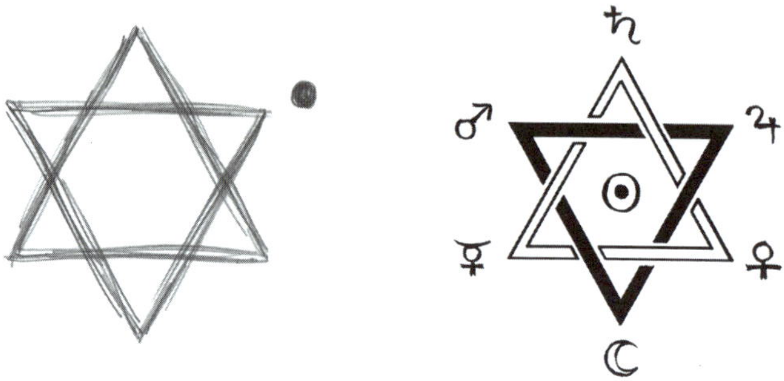

*Im linken Hexagramm ist die Jupiterkraft markiert.
Das rechte Hexagramm zeigt alle Planetenpositionen.*

spricht einem Wochentag (siehe Tabelle unten). Indem Sie die entsprechende Spitze durch einen davorgesetzten Punkt markieren, betonen Sie diesen Bezug. Das zu der Zeichnung gehörige Ritual wurde an einem Donnerstag durchgeführt. Mit diesem verstärkten Siegel stellen Sie Ihrem Zauber die Kraft des Tagesplaneten ergänzend zur Seite. Das heißt, der Engel dieses Planeten soll Ihren Zauber beschützen.

Spitze	Planet	Wochentag
oben	Saturn	Samstag
oben links	Mars	Dienstag
oben rechts	Jupiter	Donnerstag
unten links	Merkur	Mittwoch
unten rechts	Venus	Freitag
unten	Mond	Montag
Mitte	Sonne	Sonntag

Die magischen Eigenschaften der Planeten

Ein mir gut bekannter Magier lässt sich bei der Durchführung eines Rituals nicht vom Zeitpunkt leiten, sondern ordnet dem Charakter seines Zaubers die mit ihm harmonierende Kraft eines Planeten zu. Beispielsweise stellt er das Hexagramm bei einem Abwehrzauber unter die Herrschaft Merkurs und bei einem Liebeszauber unter die der Sonne beziehungsweise der Venus.

Wenn auch Sie die planetaren Kräfte bewusst in Ihr Siegel einschließen möchten, sollten Sie Ihre Wahl entsprechend der Planetenqualitäten treffen.

Die Kraft der Planeten steht in der Magie für nachstehend beschriebene Eigenschaften und Temperamente. Mit dem zugeordneten Duft können Sie das Temperament des ausgewählten Planeten in sanfter Weise ansprechen. Der Name des Engels dient dazu, die Kraft bei der Erstellung des Siegels hörbar zu benennen, wodurch sie noch deutlicher auf das Zeichen übergeht.

Saturn ♄: Der äußerste mit bloßem Auge sichtbare Planet steht für eine zusammenziehende Kraft. Weil Konzentration seine Stärke ist, eignet er sich im Siegel für jeden gezielt gerichteten Zauber. Saturn hebt die Zeit auf und weist deutlich in jenseitige Sphären. Böse Dämonen scheuen diese Energie besonders, denn sie wirkt auf sie unwiderruflich auflösend. Melancholie ist das saturnische Temperament, weswegen diese Kraft auch dem Kummer tieferen Sinn verleiht. Sein Duft ist Weihrauch, sein Engel Uriel.

Mars ♂: Der rote Planet symbolisiert eine impulsive Kraft. Angriff ist für ihn die beste Verteidigung. Die Energie ist jedoch nicht destruktiv, sondern einnehmend und behauptend.

Ein im Zeichen des Mars besiegelter Zauber wehrt böse Kräfte ab und tabuisiert den eigenen Kreis für ungebetene Geister. Mit seinem cholerischen Temperament unterstreicht er diesen Anspruch. Sein Duft ist Tabak, sein Engel Samael.

JUPITER ♃: Der Planet der höchsten antiken Gottheit steht für die ausdehnende Kraft an sich. Was er berührt, vergrößert und vermehrt sich. Jupiter ist Fülle, denn dies entspricht seinem sanguinischen, lebhaften Temperament. Auch PSI-Kräfte werden durch ihn verstärkt. Wenn Jupiter in ein magisches Siegel gebunden wird, soll er den Zauber beleben und verstärken, sodass der Impuls an seinem Ziel positiv aufgenommen wird. Sein Duft ist die Lilie, sein Engel Sachiel.

MERKUR ☿: Der sonnennächste Planet wird in der Magie als Trickster verstanden. Das heißt, dass er zwischen der guten und der schlechten Seite hin und her wechseln kann. Nach dem Prinzip »Gleiches begegnet Gleichem« hält man ihn für fähig, bösen Zauber abzuweisen. Zudem steht er für die Sprache und das Denken. Also bindet man Merkur für den Gedankenzauber oder zur Bekräftigung eines Zauberspruchs in ein Siegel. Sein Duft ist Zimt, sein Engel Raphael.

VENUS ♀: Als Morgen- und Abendstern zeigt sich Venus in wechselnder Schönheit. Als Symbol der Liebe wählt man sie im Liebeszauber; als harmonisierende Kraft in ein Siegel gesetzt, um den Ausgleich zwischen widerstrebenden Stimmungen herbeizuführen. Sie vertritt zudem das phlegmatische Temperament und wirkt somit verlangsamend und beharrend. Ihr Duft ist die Rose, ihr Engel Anael.

Mond ☾: Die weibliche Kraft unseres Trabanten hebt und senkt das Wasser und wirkt somit auch stimulierend auf unser Gemüt. Im Zauber verkörpert der Mond eine wechselnde Kraft. Daher bildet er bei umfangreichen Ritualen das Siegel, das alle Stimmungen einschließt. Beim Bildzauber ist er hilfreich, weil er den Träumen nahe steht. Seine Kraft wird auch eingebunden, um die Wirkung eines Zaubers über größere Entfernungen zu lenken. Schließlich vertritt der Mond im Liebeszauber eine mächtige, drängende Kraft. Sein Duft ist Waldmeister, sein Engel Gabriel.

Sonne ☉: Als Leben spendender Stern steht die Sonne für das Selbst und das Herz. Folglich findet sie sich oft im Siegel eines privaten Zaubers oder bei der Anrufung eines Schutzengels. Als männlicher Aspekt wirkt sie erhaltend und wird deshalb beim Schutzzauber gewählt. Sie bündelt und verstärkt die Zauberkraft. Mit ihr lässt sich Verborgenes erhellen und Sichtbares überblenden. Widersacher werden durch die Sonnenkraft im Siegel wirksam gebannt. Ihr Duft ist Orange, ihr Engel Michael.

Das Hexagrammritual

Weil das Hexagramm von seiner überlieferten Symbolik her ein so eindeutig positives Zeichen ist, bildet es in der weißen Magie häufig den Mittelpunkt eines Rituals. Seine beiden ineinander übergehenden Dreiecke stehen für Transzendenz und Schöpferkraft. Es ist also ein ideales Zeichen, um die weißmagische Kraft herbeizuziehen und darzustellen.

Grundsätzlich wird zwischen einem anrufenden und einem bannenden Ritual unterschieden.

Beim anrufenden Ritual werden positive Kräfte herbeigerufen, damit sie sich mit dem Zauber verbinden beziehungsweise dem Magier zur Seite stehen. Es dient also dem aktiven Zauber, mit dem man Zauberhandlungen verstärken, Geschehnisse in seinem Sinne beeinflussen oder Amulette und Ritualgegenstände weihen möchte.

Manche Magier rufen gute Dämonen und Engel in ihren Zauberkreis. In der lauteren weißen Magie sind solche direkten Anrufungen jedoch verpönt, da die Kräfte hier nicht personifiziert werden. Vielmehr werden Engel und Dämonen als Sinnbilder für die durch sie wirkende magische Kraft verstanden. Zudem zeigt die Erfahrung, dass es beim Zaubern mit personifizierten Energien häufig zu Manifestationen niederer Geistwesen kommt, die von der Lebenskraft des Magiers zehren.

Beim bannenden Ritual, das zum Schutz von Räumen und speziell zum Schutz von Zauberkreisen durchgeführt wird, werden schlechte Energien mithilfe der planetaren Kräfte abgewiesen.

Bannen bedeutet also das Abwehren oder Isolieren negativer Kräfte. Der Bann richtet sich nie direkt gegen eine Person, wohl aber gegen die schlechten Energien, die Personen mit ihrer Missgunst und ihren negativen Gedanken auf uns richten. Solche Energien bleiben in Räumen und heften sich an unser Gemüt, auch wenn die Person, die sie ausstrahlte, längst weit weg ist. Der bannende Zauber richtet sich auch gegen personifizierte Energien, die uns in Gestalt niederer Geister als Spuk- oder Klopfgeister oder gar als böse Dämonen belästigen.

Ein Hexagrammritual kann auf eine einzelne Planetenkraft ausgerichtet werden, was allerdings längere magische Erfahrung und entsprechende Abgrenzungs- und Schutzzauber erfordert, damit man nicht von den gerufenen Kräften übermannt wird.

Bei dem hier vorgestellten einfachen Hexagrammritual besteht diese Gefahr nicht. Denn wenn Sie es durchführen, beschwören Sie die Aspekte aller Planeten mit dem Ergebnis, dass keine einzelne Kraft dominieren kann. Vielmehr wirken die himmlischen Energien im Konzert. Sie beschwören den großen Ton und damit eine vollkommene, harmonische Kraft.

▶ Das anrufende Hexagrammritual

Für das anrufende Ritual stellen Sie sich mit dem Gesicht nach Osten und zeichnen ein Hexagramm vor sich in die Luft. Das Hexagramm wird mit der Schwurhand gezeichnet (rechte Hand mit gestrecktem Daumen, Zeige- und Mittelfinger; Ringfinger und kleiner Finger werden zur Handfläche abgeknickt). Sie beginnen mit dem Sonnenpunkt, indem Sie auf Höhe Ihres Halses einen Punkt setzen. Darauf zeichnen Sie das auf der Spitze stehende weibliche Dreieck von der unteren Spitze weg nach links aufwärts. Anschließend zeichnen Sie das männliche Dreieck, indem Sie von der oberen Spitze nach rechts abwärts ziehen. Zum Schluss setzen Sie nochmals einen Punkt in die Mitte. Durch das zweimalige Markieren des Sonnenpunktes sprechen Sie die Planeten in ihrer Gesamtheit an.

Sie ziehen das Hexagramm mit acht Bewegungen und sagen dabei folgenden Zauberspruch: »Himmel – ich – rufe – an – die – Kraft – deiner – Planeten.« Zu jeder Bewegung gehört ein Wort des Zauberspruches.

Wenn Sie das Hexagramm im Osten gezeichnet haben, wenden Sie sich nach Süden und wiederholen den Vorgang. Das Gleiche

Grundsätzlich unterscheidet sich das bannende vom anrufenden Ritual durch die Bewegungsrichtung, mit der die Linien des Hexagramms gezogen werden. Beachten Sie die eingezeichneten Pfeile, links das anrufende, rechts das bannende Hexagramm.

machen Sie dann nach Westen und Norden. Anschließend wenden Sie sich wieder nach Osten, schließen die Augen und versuchen vor Ihrem inneren Auge die Kraft zu sehen, die Sie beschworen haben. Blicken Sie dazu in eine imaginäre Ferne und sehen Sie, wie die Kraft sich Ihnen nähert und Sie umfasst. Diese Imagination werden Sie vor allem als Farbenspiel erleben, das von einem immer intensiveren körperlichen Empfinden begleitet wird. Lenken Sie die Farben schließlich um sich herum, sodass Sie den Eindruck gewinnen, in einem Farbwirbel zu stehen. Allmählich wird sich der Wirbel verlangsamen und zu einem Kreis senken, der Sie wie ein Zauberkreis umschließt.

Nun können Sie ein Ritual durchführen, bei dem Sie Ihren Zauber mit dieser kosmischen Kraft aufladen. Am Ende wischen Sie den imaginierten Farbkreis mit einer sichtbaren Geste fort. Diese

Beendigung des Rituals ist wichtig, damit sie den planetaren Kreis nicht zu lange mit Ihrer Kraft nähren, denn die Aspekte der angerufenen Genien können sich als durchaus stabil erweisen.

Tipps für Ihre Zauberpraxis: Folgende Anwendungen zeigen Ihnen, wie sich die gerufene Kraft mit Zeichen oder Gegenständen verknüpfen lässt. So verliert sich ihr Zauber nicht und Sie schaffen eine erfahrbare Entsprechung der Energie.

Einen Zauber imaginieren: Das anrufende Hexagrammritual eignet sich besonders gut, um einen Zauber bildhaft zu machen. Sagen Sie nach jedem Hexagramm, das Sie in eine der vier Himmelsrichtungen zeichnen: »Der Zauber forme sein Bild.« Dann bleiben Sie mit geschlossenen Augen nach Osten gewandt stehen und konzentrieren sich diesmal nicht auf den Eindruck der planetaren Kraft, sondern auf das Bild, das den Zauber begleiten soll. Sie werden dann ein Symbol, eine Figur oder eine bestimmte Farbe sehen, die für die Kraft des Zaubers auf seiner himmlischen Ebene steht. Es kann auch sein, dass Sie statt eines Bildes einen Duft oder eine Melodie wahrnehmen. Sobald Sie eine stabile Wahrnehmung gewonnen haben, öffnen Sie die Augen und verwischen das Bild mit einer sichtbaren Geste.

Den Zauber visualisieren: Wiederholen Sie Ihre sinnliche Wahrnehmung später in konkreter Weise. Zeichnen Sie das Bild, erzeugen Sie den Duft oder summen Sie die Melodie. Hierdurch bestärken Sie den vollzogenen Zauber und laden ihn wieder auf. Durch die provozierte Bildhaftigkeit des Zaubers haben Sie gewissermaßen ein Siegel geschaffen, das die

Macht Ihres Zaubers bezeugt und hebt, sobald Sie es erneut setzen.

Ein Amulett aufladen: Das anrufende Hexagrammritual empfiehlt sich auch für die Aufladung eines Amuletts zu einem magischen Schutzschild. Legen Sie das Amulett, das Sie im Ritual aufladen wollen, griffbereit vor sich in den Osten. Sobald Sie das Hexagramm in jede Himmelsrichtung gezeichnet und sich wieder nach Osten gewandt haben, nehmen Sie das Amulett und legen es in Ihre aneinander gehaltenen offenen Hände. Imaginieren Sie die planetare Kraft mit geschlossenen Augen und lenken Sie ihr Licht diesmal auf das Amulett. Sie werden die Aufladung in Ihren Händen als zunehmende Wärme spüren. Wenn das Amulett die ihm zuströmende Kraft ganz aufgenommen hat, beenden Sie den Zauber, indem Sie es mit beiden Händen in eine Schale Wasser tauchen.

▶ Das bannende Hexagrammritual

Mit diesem Ritual richten Sie einen himmlischen Bannstrahl auf ungute Kräfte, die Ihnen das Leben schwer machen. Sein Ablauf unterscheidet sich nicht grundsätzlich von dem des anrufenden Hexagrammrituals. Allerdings müssen Sie das Übel, das Sie fern halten wollen, zuvor benannt haben. Je genauer Sie es benennen und lokalisieren, desto präziser wirkt die beschworene Kraft.

Sie beginnen das Ritual gleichfalls im Osten, zeichnen die vier Hexagramme in alle Himmelsrichtungen und wenden sich dann wieder nach Osten. Verschieden sind allerdings die Bewegungsrichtung und der die Bewegung begleitende Zauberspruch.

Nachdem Sie den Sonnenpunkt in der Mitte des Hexagramms markiert haben, zeichnen Sie das weibliche Dreieck von der unteren Spitze aus nach rechts. Danach folgt das männliche Dreieck, das Sie von seiner oberen Spitze ausgehend nach links zeichnen. Sie beenden das Hexagramm wieder mit der Markierung des Sonnenpunktes. Zu den acht Bewegungen sprechen Sie je ein Wort des Zauberspruchs: »Sterne – Kraft – euere – Macht – bannt – das – Übel – jetzt.«

Nachdem Sie sich zum Abschluss des Rituals wieder nach Osten gewandt haben, blicken Sie mit Ihrem inneren Auge nicht in die Ferne, sondern konzentrieren sich auf Ihren Kreis (den Raum, den Sie mit ausgebreiteten Armen umfangen, wenn Sie sich um Ihre eigene Achse drehen) und sehen, wie sich die beschworene Kraft an seinem Rand manifestiert. Wieder werden Sie dieses Phänomen hauptsächlich als Farbenspiel wahrnehmen. Sobald Sie das Gefühl haben, dass sich die Energie vollkommen aufgebaut hat, geben Sie den Impuls zu ihrer Ausbreitung. Zunächst wiederholen Sie langsam den Zauberspruch. Mit dem letzten Wort »jetzt« breiten Sie die Arme aus und entlassen die Kraft, die Sie gerufen haben. Vor Ihrem geistigen Auge sehen Sie, wie sie sich von Ihrem Kreis entfernt und ihrem Ziel, dem benannten Übel, entgegenströmt. Lassen Sie die Kraft entgleiten, und spüren Sie das Vakuum, in dem sich alles klärt. Mit dieser Empfindung löst sich auch Ihre eventuelle Verbindung mit dem Übel. Sie erkennen Ihre eigene Kraft und festigen so Ihre Zaubermacht.

Beenden Sie das Ritual, indem Sie in die Hände klatschen oder einen abschließenden Zauberspruch sprechen. Anders als beim anrufenden Hexagrammritual müssen Sie die beschworene Kraft nicht lösen, weil Sie keine unmittelbare Verbindung mit ihr eingegangen sind. Vielmehr waren Sie diesmal nur das Zentrum, von dem aus die Kraft ihre Bewegung aufnahm.

Tipps für Ihre Zauberpraxis: Das bannende Hexagrammritual ist ein starker Schutzzauber, mit dem Sie ungute Energien verlässlich abweisen können.

Einen Zauberkreis weihen: Wie Sie bei der Imagination der bannenden Kraft gen Osten bereits sehen konnten, ordnet sich die planetare Energie zu einem Zirkel um Sie herum und trägt damit bereits die Eigenschaften eines Zauberkreises in sich. Insofern empfiehlt sich das bannende Hexagrammritual für die Weihe eines installierten Zauberkreises. Es wird durchgeführt, nachdem der Kreis gezogen, besprochen und mit einer Tür versehen wurde. Die imaginierte Kraft lenken Sie schließlich so, dass sie Ihren Zauberkreis wie eine Lichthülle umgibt. Damit haben Sie die Gewähr, dass keine unreinen Kräfte in Ihren Kreis eindringen können. Dafür spüren Sie das Vakuum des magischen Raumes und können eine ideale Anbindung an die umfassende Zaubermacht der weißen Magie herstellen.

Einen Schutzschild schmieden: Wenn Sie das bannende Hexagrammritual einmal in einem installierten Zauberkreis durchgeführt haben, formen Sie ein Siegel, mit dessen Hilfe Sie diese aufeinander abgestimmten Kräfte abrufen können. Sie schöpfen praktisch aus der Sphäre Ihres Rituals ein magisches Symbol, das zum Sinnbild dieser Energie wird. Ziehen Sie mit dem Zeigefinger der rechten Hand drei Kreise im Uhrzeigersinn um die Fläche Ihrer linken Hand und sagen Sie langsam: »Kehre Kreis, kehre wieder, kehr im Kreis.« Wenn Sie die Kraft an einem anderen Ort und zu einer anderen Zeit wiederbeleben wollen, wiederholen Sie lediglich das Handzeichen samt dem Zauberspruch.

EINEN RAUM KLÄREN: Das bannende Hexagrammritual ist auch sehr mächtig, wenn es darum geht, schlechte Energien aus Räumen zu verbannen. Führen Sie es aus, nachdem Sie im Raum geräuchert haben (siehe Seite 141). Dieses Räuchern ist die vorbereitende Zauberhandlung, die dem Hexagramm die notwendige Wucht verleiht. Mit dem abschließenden inneren Bild, das Sie nach Osten ausgerichtet imaginieren, verdichten Sie die Kraft, bevor Sie sie entlassen. Dies geschieht über Ihren Atem. Atmen Sie dreimal tief durch die Nase ein. Halten Sie die Luft kurz an und entlassen Sie sie dann mit einem kräftigen Stoß durch die Nase. Atmen Sie nun noch ein viertes Mal ein. Halten Sie die Luft an. Spüren Sie die Verdichtung der Kraft und stoßen Sie die Luft dann mit einem lauten Ton und einer kräftigen Geste durch den Mund wieder aus. Stellen Sie sich dabei vor, dass die Kraft gleich einem Orkan durch die Räume fegt und die schlechte Energie mitnimmt.

Beim bannenden Ritual wehren Sie schlechte Kräfte ab. Deshalb ziehen Sie das männliche Dreieck nach links, also gegen den Uhrzeigersinn – wie der Teufel tanzt. Denn, so sagt der Volksmund, der Teufel tanzt immer links herum. Dementsprechend ziehen Sie beim anrufenden Ritual, mit dem Sie die guten Kräfte locken, nach rechts, also im Uhrzeigersinn – wie die Engel tanzen.

Ein Kristallzauber

Lucia hatte die Kunst des Kristallsehens von ihrer Tante erlernt. Sie war recht begabt. Immer wenn sie in die Kugel blickte, stellten sich rasch Bilder ein, die sie gut zu deuten wusste und die eine beachtliche Treffer-

quote hatten. So kam es, dass sie immer häufiger für andere Menschen in ihre Kugel sah und sich ihr Blick allmählich verschlechterte. Es schien fast, als entschwände ihre Begabung durch den häufigen Gebrauch. Also suchte Lucia Rat bei ihrer Tante.

Die Tante kannte das Problem aus eigener Erfahrung und konnte es erklären. Was Lucias Blick in die Kugel trübte, war weniger schwindende Begabung als vielmehr die unausgesprochenen Forderungen ihrer Klienten. Denn die wandten sich häufig nicht an Lucia, weil sie wissen wollten, welche Lösungen das Schicksal bereithielt, sondern weil sie eine Bestätigung ihrer Hoffnungen und Lösungsansätze erwarteten. Diese Projektionen legten sich über das Bild in der Kugel und beeinträchtigten Lucias Sicht. Also musste sie ihre Kugel vor solchen Schwingungen schützen. Der Rat der Tante war einfach: »Weihe die Kugel neu und gib ihr die Kraft des Mondes zurück.« Damit meinte sie, Lucia solle die Eigenschaft des Mondes, das Dunkle zu erhellen und die Intuition zu beleben, auf die Kugel übertragen.

Lucia wartete bis zum nächsten Vollmond. Am Morgen des Tages davor legte sie die Kugel in eine Schüssel, stellte diese unter den Wasserhahn und drehte den Hahn nur so weit auf, dass ein dünnes Rinnsal über die Kugel floss. So lag die Kugel, wie es der Brauch forderte, in fließendem Wasser. Am Abend wartete Lucia dann, bis der Mond aufgegangen war und in ihr Zimmer schien. Sie nahm die Kugel aus dem Wasser, trocknete sie und legte sie auf Aluminiumfolie ins Mondlicht, das auf den Teppich schien. Ein ganz besonderes Licht umgab die Kugel auf der silberfarbenen Folie. Es sah aus, als läge ein kleiner Mond samt seinem milchigen Halo zu Lucias Füßen.

Lucia bereitete sich auf das Ritual vor. Sie zog einen unsichtbaren Zauberkreis, indem sie sich zweimal um die eigene Achse drehte. Ihre rechte Hand mit den Schwurfingern wies zum Boden. Die Tür ihres Zauberkreises zeichnete sie in Gestalt des zunehmenden Mondes nach

Osten. Abschließend zerbröselte sie einen Teelöffel getrockneter Waldmeisterblätter im Kreis und führte das anrufende Hexagrammritual durch.

Als sie wieder mit dem Gesicht nach Osten dastand, blickte sie in das Licht des Mondes und sprach:

Mondin, die du die Kraft besitzt, das Meer zu heben,
Und die Macht, die Nacht den Mahren zu entreißen,
Senke dein Licht auf den Kristall, lass ihn ergleißen,
Damit das Bild erglimmt, nach dem wir bangend streben.

Dann schloss sie die Augen. Sie sah ein wasserblaues Licht, das immer näher kam, und roch den intensiven Duft des Waldmeisters. Ihr war, als stände sie im Mai auf einer mondbeschienenen Waldlichtung. Das Licht kam näher und begann ihren Kreis in größerem Abstand zu umwirbeln. Lucia empfand es körperlich wie eine frische Prise. Sie öffnete die Augen und wiederholte den Zauberspruch, wobei sie auf das imaginierte Tor ihres Kreises wies.

Das blaue Licht floss wie eine Nebelwehe in den Kreis und umwirbelte die Kugel. Schließlich schien die Kugel das Licht in sich aufzusaugen und dabei zu pulsieren. Einen Moment lang kam es Lucia vor, als schwebe die Kugel. Dann glomm ein intensiver, wasserblauer Lichtstrahl auf und erlosch wieder.

Mit raschen Handbewegungen verwischte Lucia ihren Zauberkreis. Damit war die beschworene Kraft entlassen. Als sie ihre Wahrsagekugel aufhob, war diese feucht und kühl. Lucia stellte sie nochmals in einer Schüssel unter den Wasserhahn und ließ die ganze Nacht Wasser darüber träufeln.

Von nun an waren die Bilder, die sie in der Kugel sah, sehr klar. Nach wie vor sah sie auch die Wünsche ihrer Klienten, aber nun konnten sie die eigentlichen Bilder nicht mehr überdecken. Während die wahren Bilder aus der Tiefe der Kugel emporstiegen, schwebten die Trugbilder lediglich auf ihrer Oberfläche.

Anmerkung zum Kristallzauber

Lucia wählte das anrufende Hexagrammritual. Manch einer hätte sich an ihrer Stelle für ein bannendes Ritual entschieden, um die störenden Einflüsse der Klienten abzuweisen. Damit wären aber auch die Informationen, die diese versteckten Wünsche in sich bergen, ausgeschlossen worden. Auch hätte der Bann nur für einen Klienten gewirkt, denn die von den Klienten auf Lucia projizierte Wunschkraft ändert ihre Qualität von Person zu Person.

Es ist also immer wichtig, den für ein optimales Ergebnis besten Zauber zu bestimmen. Zaubern ist in diesem Sinne durchaus ein Handwerk, das erlernt werden muss und bei dem es Meister und Pfuscher gibt. Die Suche nach der besten Richtung und die daraus resultierende Festlegung des Zaubers ist auch eine Orientierung im magischen Raum. Wenn Sie bereits ein entsprechendes Raumgefühl für die magische Sphäre entwickelt haben, werden Sie sich hier leichter tun und die richtige Zauberhandlung zielsicher bestimmen können.

Bei der Anrufung der planetaren Energien ging es Lucia im Grunde um die Entwicklung ihrer eigenen Mondkraft. Die um einen Kreis zirkulierende Kraft wirkt gewissermaßen osmotisch, indem sie das Energieniveau des Kreisinneren seiner äußeren Umgebung angleicht. Das heißt, die Kraft fließt im Grunde nicht in den Kreis, sondern transformiert die dort vorhandene Energie. Deshalb war die Kraft, die schließlich blitzartig in die Kugel drang, ein Aspekt von Lucias eigener verdichteter Mondenergie. Sie hatte also eine Möglichkeit gefunden, ihre eigene Kraft gegen die äußeren Einflüsse zu stellen. Dies erklärt auch, warum ihr Zauber über die Zeit hinweg wirkte, ohne jemals nachzulassen.

Die magische Kraft des Pentagramms

Im Grunde ist die Aussage, dass wir uns mit dem magischen Raum vertraut machen können, in ihrer Eindimensionalität falsch. Haben wir uns nämlich wirklich mit dem magischen Raum vertraut gemacht, wissen wir, dass wir ihm gegenüber Fremde bleiben und es unsere beständige Aufgabe ist, uns ihm zu nähern. Das Ich, die wahrnehmende Person, kann diesen Raum immer nur interpretieren, aber niemals ermessen. Doch sobald Sie dies wissen, sind Sie auf einer spirituellen Ebene mit dem magischen Raum vertraut. Wenn Sie nämlich wirklich im magischen Raum weilen, sind Sie in ihm gelöst. Dann sind Sie der Raum und nicht ein Zentrum in ihm, das ihn deutet und sich in einer Beziehung zu ihm versteht. Diese Einbindung in den magischen Raum – man kann es auch als ein »Im-Raum-Sein« bezeichnen – müssen Sie immer wieder erneuern. Es ist ein fortwährendes Lösen und Gelöstsein. Sie lassen zu, weil Sie geschehen lassen können. Sie können geschehen lassen, weil Sie vertrauen. Das ist höchste Magie.

So betrachtet ist Magie ein Weg zur Selbsterkenntnis, denn vollkommen in einer Sphäre zu sein, sie zu sein ohne ihr gegenüberzustehen, ist wahre Meditation. In der Meditation erkennen wir unser wahres Selbst, das letztlich flüchtig ist. Wir erfassen, dass wir nicht unsere begrenzte Person sind. Doch das, was wir weiter sind, ist ein Zustand, der sich unserer begrenzten Erfahrung entzieht. Nennen wir ihn magischen Raum. Letztlich gibt es nur zwei Zustände für den Magier: Entweder er ist im Raum und ist deshalb nicht oder er ist nicht im Raum und ist. Darauf gründet auch das Paradoxon, das den wahren Magier beschreibt:

Ein Magier wird erst zum Magier,
wenn er kein Magier mehr ist.

Das verkehrte Pentagramm

Wer die weiße Magie verstehen will, sollte einen lebendigen Sinn für Widersprüchliches besitzen. Wie wichtig das Verständnis paradoxer Wirklichkeiten und Umkehrungen für das Erfassen des magischen Raumes ist, lässt sich an konträren Ritualen ablesen. Betrachten wir nur die zahlreichen volkstümlichen Schreckrituale, mit denen böse Geister eingeschüchtert werden sollen: Der gute Zauberer verbirgt sich hinter der schaurigen Maske, um das Übel mit dessen eigenen Waffen zu schlagen. Ein rückwärts geschriebener Satz soll den Fluch aufheben. Das Rückwärtszählen soll Gefahren reduzieren (und

Das Pentagramm mit verkehrtem Stern auf der Innenfläche wirkt abschirmend und neutralisierend. Als Schutzsiegel für einen langfristig installierten Zauber ist es besonders mächtig.

findet sich ganz unbemerkt im technischen Countdown der Neuzeit wieder).

Auch in der Umkehrung von Symbolen spiegelt sich dieser Gedanke, wobei die Umkehrung eines Symbols keineswegs dessen Gegenteil bedeutet. Verkehrt man ein Symbol, so betont man lediglich einen anderen Aspekt seiner komplexen Eigenschaft. Ein umgekehrtes Kreuz wird beispielsweise den Aposteln Petrus und Philippus als Attribut zugewiesen. Es verweist auf die menschliche Dimension der Leiden Christi, die diesen beiden Aposteln durch ihr Martyrium am Kreuz widerfuhr. Es ist daher auch ein Zeichen der bedingungslosen Treue und Demut der Apostel und somit ein Gegenstand der Kontemplation. In keinem Fall ist es ein satanisches Zeichen, wie gelegentlich behauptet wird.

Die Verkehrung des Pentagramms, das als magisches Symbol schlechthin gilt, wird oft gar als Zeichen der Satanisten verstanden. Diese Sichtweise ist allerdings relativ jung, wenn man bedenkt, dass dieses Symbol schon seit Jahrtausenden bekannt ist. Erst seit der Romantik verbreitete sich die Ansicht, im gestürzten Pentagramm könne der Gehörnte oder der Baphomet, die angebliche Teufelsgestalt der Templer, gesehen werden. Davor war das gestürzte Pentagramm ein Zeichen der Anrufung und Bannung von Dämonen wie den Druden oder Truden. Letzteres sind niedere Naturgeister, die uns Albträume bescheren. In diesem Sinne wird es noch heute in der volkstümlichen Magie verwendet und an den Sturz von Schlafzimmertüren gezeichnet. Die Druden schrecken davor zurück und böse Träume bleiben aus. Deswegen ist das Pentagramm auch als Drudenfuß bekannt.

Seit der Antike symbolisiert das Pentagrammsymbol die Ewigkeit und ist somit ein Siegel, hinter dem die Kraft des Schöpfers steht. Der Grund hierfür liegt in seiner grafischen Besonderheit: Es lässt sich in einem Zuge zeichnen. Fünf offene gleichschenkelige Dreiecke verbinden sich in ihm zu einem Stern. In seinem Inneren spiegelt sich ein gestürztes Pentagramm und in diesem wieder ein aufrechtes. Dieser Figurenwechsel lässt sich nach innen wie nach außen unendlich fortsetzen. Wer also ein Pentagramm zeichnet, egal in welcher Form, zeichnet auch seinen Gegensatz. Mit diesen Eigenschaften galt das Pentagramm schon immer als vollkommenes Symbol, und dies erst recht, nachdem man die Gesetzmäßigkeiten des goldenen Schnittes in ihm entdeckt hatte. Auch die spätere Zuordnung der fünf Elemente zu den Spitzen des Pentagramms war nahe liegend. Noch heute zählt man von der oberen Spitze des aufrecht stehenden Sterns nach rechts ab: Äther, Feuer, Wasser, Erde und Luft.

Zur Zeit der Dombauhütten fand das Pentagramm auch Eingang in die Kirchen, wo es häufig am Westportal in den

Fußboden eingelassen wurde. Im Pentagramm sah man den aufrechten Menschen, der von der Gnade Gottes überflutet wurde. Seine Spitze war also nach Osten ausgerichtet, aus dem mit der aufgehenden Sonne sinnbildlich die Kraft Gottes über uns kommt. Vom Altar aus gesehen steht das Pentagramm auf der Spitze und symbolisiert den die Gottheit anrufenden, im Gebet vertieften Menschen. Versteht man die Symbolik des Pentagramms so, hat man einen weiteren Zugang zur magischen Paradoxie, durch die der Geist des Suchenden in eine andere Sphäre erhoben werden soll.

Das einfache Pentagrammritual

Gabriele hat es sich zur Gewohnheit gemacht, das Pentagrammritual regelmäßig morgens nach und abends vor ihrem Gebet durchzuführen – morgens das anrufende und am Abend das bannende. Sie meint, dass sie dadurch ihrer Natur als vom Geist beseeltes Wesen sehr nahe

Der Pfeil am linken Pentagramm zeigt die Zugrichtung für ein anrufendes Ritual. Der Pfeil am rechten Pentagramm zeigt die Zugrichtung für das bannende Ritual.

kommt. Seit sie die Kraft der Elemente visualisieren kann, hat sie ein reales Empfinden für den magischen Raum, in dem sie lebt. Oft ist es nur der Anflug einer stillen Willensäußerung, durch den sich die Kräfte in ihrer Wirklichkeit so ordnen, dass zur Möglichkeit wird, wovon sie in ihrem tiefsten Inneren weiß, dass es auch ihrem Weg entspricht. Schon vielen Menschen konnte sie einfach dadurch still und unerkannt aus scheinbar ausweglosen Situationen helfen, dass sie durch ihre magische Präsenz Hemmnisse energetisch auflöste und einen Strahl positiver Kraft vermittelte.

Im Gegensatz zum weiter oben beschriebenen Hexagrammritual ist das Pentagrammritual eher alltäglich, und zwar in dem Sinne, dass es meist nicht so zeremoniell begangen wird wie ein Hexagrammritual. Hier werden auch keine Aspekte der Planetenkräfte beschworen, sondern der Magier konzentriert sich auf den Kreis der fünf Elemente. Hierdurch werden energetische Temperamente angesprochen, mit denen wir auch im ganz normalen Leben konfrontiert sind. Die Gefahr, von den beschworenen Energien übermannt zu werden, besteht also nicht. Vielmehr stellt sich der Magier eine Kraft zur Seite, die er beherrscht und deswegen in seinem Sinne einsetzen kann. Beherrscht er sie nicht, ist sie flüchtig und verliert sich rasch.

Auch beim Pentagrammritual unterscheidet man zwischen einem anrufenden und einem bannenden Ritual.

Im anrufenden Ritual rufen Sie die Kraft der Elemente, damit sie Ihren Zauber unterstützen oder Ihnen in positiver Weise zur Seite stehen und gegebenenfalls Ihre Energie erhöhen kann. Die Kraft der Elemente ist schöpferisch. In ihr verbinden sich die Energien, welche die Welt formen und in ihrem Innersten zusammenhalten.

IM BANNENDEN RITUAL weisen Sie schlechte Kräfte ab oder aktivieren abwehrende Energien für einen Schutzzauber. Die Energie der Elemente tritt Ihnen als himmlische Schutzmacht zur Seite. Mit ihr haben Sie die Kraft, negative Kräfte zu isolieren und festzuhalten, sodass sie sich nicht mehr frei bewegen, auch nicht mehr von der Lebensenergie anderer zehren können.

▶ Um das Pentagrammritual durchzuführen, stellen Sie sich mit dem Gesicht nach Osten und ziehen mit der rechten Hand das bannende oder anrufende Pentagramm, und zwar mit einer großräumigen Bewegung. Dann machen Sie das Gleiche nach Süden, nach Westen und nach Norden. Wenn Sie das Pentagramm in alle vier Himmelsrichtungen gezogen haben, ist das Ritual beendet.

Diese stark verkürzte Version des Pentagrammrituals können Sie erfolgreich durchführen, wenn Sie bereits Erfahrung mit dem Ritual haben. Wenn Sie es allerdings nur selten durchführen, empfiehlt sich die folgende, ausführlichere Variante, die Ihrem Zauber den angemessenen Rückhalt gibt.

Das große Pentagrammritual

▶ Nehmen Sie sich für das folgende Ritual mindestens zehn Minuten Zeit und imaginieren Sie zu jeder Station auch die angesprochenen Energien. Alles über die magische Bedeutung der Elemente und die Kraft der Engel erfahren Sie in den folgenden Kapiteln.

1. Station Osten

Element: Luft

Engel: Michael

Sie ziehen das Pentagramm und sprechen:

»Der Himmel krönt mich und ist meiner Seele Odem.«

Lassen Sie sich auf die Bilder und Empfindungen ein, die Sie in Verbindung mit diesem Spruch und der Vorstellung des Elementes Luft imaginieren. Spüren Sie den Wind. Lassen Sie sich von ihm tragen wie ein Vogel. Empfinden Sie die Weite, die Ihren Geist beflügelt. Diese Wahrnehmung wird sich von Ritual zu Ritual verändern, ihren grundlegenden Charakter aber nicht verlieren.

2. Station Süden

Element: Feuer

Engel: Uriel

Sie ziehen das Pentagramm und sprechen:

»Deine Flamme lodert in mir und wärmt meine Seele.«

Imaginieren Sie die Kraft des Feuers in sich. Lassen Sie es auflodern und spüren Sie seine Hitze, die Ihren Willen stählt. Erleben Sie, wie es die Schatten verzehrt, erhellt und versengt. Ahnen Sie die Reinheit, die mit ihm einhergeht.

3. Station Westen

Element: Wasser

Engel: Raphael

Sie ziehen das Pentagramm und sprechen:

»Der Strom, der mich trägt, ist das Wasser der Magie.«

Fühlen Sie nun, wie die reinigende Kraft des Wassers Sie erfasst, wie sie zur Flut wird und Sie wegreißt. Leisten Sie keinen Widerstand, vertrauen Sie der Kraft, und Sie werden merken, wie Sie getragen werden. Hören Sie in die Wellen hinein – und Sie vernehmen den Klang, der die Meere füllt.

4. Station Norden

Element: Erde
Engel: Gabriel
Sie ziehen das Pentagramm und sprechen:
»Ich stehe auf der Erde, von der ich bin und zu der ich werde.«
Lassen Sie sich von der Kraft der Erde erfassen. Nehmen Sie ihren Duft wahr, spüren Sie ihre fruchtige Kühle, werden Sie zum Ton in der Hand des Schöpfers und zur trockenen Krume, die der Wind verweht. Öffnen Sie Ihre Sinne für die Sinnlichkeit der Wirklichkeit. Ahnen Sie den Lauf der Welt.

5. Station Osten

Wenden Sie sich wieder dem Osten, Ihrem Anfang zu – und dem Element Äther.
Sie ziehen kein Pentagramm mehr, sondern sprechen mit offenen Armen:
»Leer ist der Raum und in ihm herrscht Schweigen. Diese Fülle ist meine Heimat.«
Imaginieren Sie nun, ohne das Bild zu lenken. Sehen Sie sich als ein Blatt im Wind. Es wird getragen und es schwebt, weil es schwebt. Es fiel vom Baum, weil es Zeit war. Licht bescheint es. Wind, Feuer, Wasser, Erde sind mit ihm. Es ist, weil sich der Geist bewegt. Es ist die Bewegung, die es ist. Halten Sie nichts fest.
Sobald Ihre Gedanken sich wieder finden, beenden Sie das Ritual, indem Sie den Kräften laut danken. Sprechen Sie:

»Dank den Winden, die mich trugen. Dank den Flammen, die mich wärmten. Dank den Quellen, die mich labten. Dank den Äckern, die mich nährten. Ihr seid fünf, weil ihr in mir wie in Ihm seid.«
Erlauben Sie sich anschließend eine Andacht, in der Sie der belebenden Kraft nachspüren.

Die Zauberkraft der Elemente

Im Pentagrammritual wird die Kraft der Elemente angesprochen. Diese Energien sind von stabilem, handfestem Charakter. Es sind gewissermaßen magische Traktoren, die den inszenierten Zauber mit sich ziehen und an seinem Ziel installieren oder aber dauerhaft bewahren. Daher werden die Elementarkräfte gern im Schutz- und Abwehrzauber eingesetzt, zum Beispiel um Räume zu klären, sich gegen den bösen Blick zu schützen oder Amulette zu laden.

Jedes Element hat gute und schlechte Eigenschaften. Im Zauber regen sich häufig die schlechten Eigenschaften, denn eine Harmonisierung wird nach dem Motto »Gleiches heilt Gleiches« angestrebt. Man vertraut praktisch auf die innere Vernunft der Kraft, die ihr eigenes Zuviel eher zu regulieren weiß als eine gegensätzliche Energie. Wählen Sie also für einen Abwehrzauber das Element mit den Eigenschaften, die Sie abwehren wollen.

Als Bannsiegel können Sie das Element einsetzen, indem Sie sich darauf besinnen und das Elementsymbol auf einen Zettel oder in die Luft zeichnen, sobald Sie seine Kraft spüren. Während eines Pentagrammrituals können Sie die Kraft des Elements auch auf ein Amulett übertragen.

Feuer △: Feuer ist eine aggressive Kraft, mit der man sich gut verteidigen kann. Sie schützt das Haus und verfolgt Feinde.

Überbetont wirkt sie zersetzend und vernichtend. Feuer schmiedet verlässliche Bündnisse. Ein Zuviel verkehrt sich jedoch in Vasallentreue.

Grundsätzlich stärkt Feuer die Urteilskraft, den Willen und den Glauben an das Gute. Im Übermaß führt es zu Selbstgerechtigkeit, Verbohrtheit und Fanatismus. Als Bannsiegel wehrt es Querulanten ab.

Wasser ▽: Wasser ist eine intuitive Kraft, welche die Hellsicht fördert. Sie stärkt zudem die Zauberkraft und öffnet die Herzen. Im Übermaß zerstört sie die Ordnung und wird gar zu einer schwarzmagischen Energie. Wasser wirkt aber auch heilend, fördert die Selbstlosigkeit und erlaubt einen Blick in jenseitige Räume. Grundsätzlich adelt es den gefühlsvollen und schöpferischen Menschen und beschert heilsame Träume sowie belebende Visionen. Im Übermaß nährt es Traurigkeit, Betrug und Wolkenschieberei. Als Bannsiegel weist es Verräter in ihre Schranken.

Erde 🜃: Erde ist eine dichte und damit die sinnlichste Elementarkraft, die am ehesten in die Wirklichkeit dringt. Als patriarchale Energie ist sie gut im Schutzzauber für Haus und Hof. Zu stark betont fördert sie die Gier, verlangsamt Entwicklungen, zeigt tyrannische Züge und neigt zum Zwanghaften und Korrupten. Sie ist eine nährende, fruchtbare Kraft, doch im Übermaß saugt sie Kräfte ab und nährt das egoistisch Böse. Grundsätzlich stärkt Erde Menschen mit Unternehmergeist sowie die Sinnlichen, die Gottes Gaben zu schätzen wissen. Je realistischer der Zauber, desto größer der Segen dieser Kraft. Als Bannsiegel hält die Erdkraft den Wolf im Schafspelz der Biederkeit fern.

Luft 🜁: Luft ist eine weite, geschmeidige Kraft, die neue Ideen hervorbringt. Sie erhellt Verborgenes und erkennt tiefere Zusammenhänge. Im Übermaß entleert sie das Herz und tötet das Gefühl. Grundsätzlich belebt Luft den Zaubergeist, der neue Zeichen und Entsprechungen entdeckt und noch präzisere Rituale schöpft. Auch stärkt sie den Gedankenzauber, bei dem das Wort zur Kraft wird. Doch ein Zuviel an Luft zersplittert die Zauberkraft und der Geist verwirrt sich. Als Bannsiegel hält Luft destruktive Kräfte und Energievampire fern.

Äther ⊛: Äther wird nicht direkt angerufen, sondern offenbart sich, sobald der Zauber gelungen ist und die vier Elemente in Harmonie schwingen. Äther ist die Quintessenz, von der manche meinen, man könne sie mit dem Dritten Auge wahrnehmen. Die Himmelsrichtung, in der diese Kraft zu suchen wäre, ist die goldene Dämmerung im Nordosten.

Ätherkraft kann es nicht im Übermaß geben. Es kommt allerdings vor, dass seine Kraft zu gering ist, weil die anderen vier Elemente nicht in Harmonie sind. Dies macht sich als Missklang, Kälte und Materialismus bemerkbar.

▶ Ritual zur Anrufung der fünf Elemente

Als Studiomusiker und Arrangeur hatte Eduard bereits etliche Hits produziert. Doch irgendwann genügte ihm keine seiner Ideen mehr, und er fand alles, was ihm einfiel, abgedroschen und reizlos. Diese Phase dauerte nun schon mehr als zwei Jahre an, und Eduard überlegte sich, ob er die Musik nicht ganz an den Nagel hängen sollte. Da riet ihm eine Sängerin, die sich mit Magie auskannte, zu einem anrufenden Pentagrammritual. Als auf magischem Gebiet unbeschriebenes Blatt rea-

Pentagramm mit Elementsymbolen, von oben im Uhrzeigersinn: Äther (Geist), Feuer, Wasser, Erde, Luft

gierte Eduard eher belustigt. Doch Rita, die Sängerin, pendelte das in seinem Fall passende Element aus und meinte schließlich, ihm fehle es nicht nur an einer Muse, sondern auch an Luft und er solle die Kraft dieses Elements herbeirufen.

Spaßeshalber und weil es ja nicht schaden konnte, ließ sich Eduard darauf ein. Am nächsten Tag stand er vor Sonnenaufgang mit Rita auf einer Wiese und wurde von ihr in das Pentagrammritual eingeweiht. Er zog das Pentagramm von der linken oberen Spitze, die dem Element Luft zugewiesen ist, waagrecht nach rechts. Ansonsten lief das Ritual wie oben beschrieben ab. Es war ein anrufendes Pentagrammritual und die erste Spitze war die des Elements Luft und nicht die des Äthers. Eduard zog also die Luftkräfte an. Dies verstärkte er noch dadurch, dass er bei der fünften Station (Osten/Äther) nicht nur den Spruch »Leer ist der Raum und in ihm herrscht Schweigen. Diese Fülle ist meine Heimat« sagte, sondern abschließend auch noch dreimal »Luft« in die aufgehende Sonne rief.

Diese Verstärkung des Zaubers sollte er unmittelbar zu spüren bekommen. Denn obwohl es beinahe windstill war, als er die Kraft des Elements Luft visualisierte, glaubte er plötzlich, ein Sturm bliese ihm ins Gesicht. Er musste sich regelrecht gegen den Wind stemmen, um nicht fortgeweht zu werden. Der Sturm wurde schließlich so stark, dass Eduard sich nicht mehr halten konnte. Er wurde in die Höhe gerissen, streifte noch einmal kurz mit den Füßen den Boden und sah sich unmittelbar darauf ins Geäst eines nahen Baumes stürzen. Gerade als er nach einem Ast greifen wollte, packte ihn der Wind und riss ihn noch höher. Eduard musste an den fliegenden Robert aus dem Struwwelpeter denken. Er lachte auf, obwohl ihm Angst und Bange war. Schlagartig wurde es still. Eduard schwebte. Er konnte fliegen. Als er die Augen wieder öffnete, sah er, dass die Sonne ein gutes Stück aufgestiegen war und er wieder auf der Wiese stand. Er glaubte, die Luft um ihn bewege sich in sanften blauen Wellen. Er sprach mit Rita den Dank an die Elemente und ging still nach Hause.

Die Tage danach waren Traumzeit für Eduard. Er sah die Welt um sich herum mit ungewöhnlicher Präzision. Es war ihm, als hätte er die Augen eines Adlers. Auch konnte er die Stimmungen und Gefühle der Menschen so deutlich wahrnehmen, als seien es seine eigenen. Diese Sensibilität klang zwar allmählich ab, verlor sich aber nie mehr ganz. Dafür hatte er nun die Ideen, die ihm zuvor abgegangen waren. Er hörte seine Musik mit ganz neuen Ohren und wusste, dass er seine Arrangements nur ein wenig verändern musste, um etwas Neues entstehen zu lassen. Eduard hatte wieder Sinn in seiner Arbeit gefunden und war glücklich. Er fand sogar die Muse, die ihm nach Ritas Meinung ebenso fehlte wie die Luft. Es war ihre Schwester.

Wenn Sie das Ritual zur Anrufung eines Elements selbst durchführen wollen, gehen Sie im Prinzip genauso vor wie im Kapitel »Das große Pentagrammritual« (Seite 65) beschrieben, nur dass Sie das Pentagramm für jedes Element anders zeichnen. Sie beginnen stets mit der Spitze des Elements, das Sie ansprechen wollen. Beim anrufenden Ritual ziehen Sie das Pentagramm von der Spitze aus nach rechts, beim bannenden nach links. Sie beenden das Ritual, indem Sie den Zauberspruch zur Aktivierung des Äthers gen Osten sprechen und ihm dreimal den Namen des Elements anfügen, dessen Kraft Sie sich zur Seite wünschen.

Anschließend imaginieren Sie die beschworene Kraft, damit Sie ein lebendiges Bild von der Qualität der Energie bekommen, die Sie mit Ihrem Zauber verbinden werden. Schließlich beenden Sie das Ritual mit Ihrem Dank an alle fünf Elemente: »Dank den Winden, die mich trugen. Dank den Flammen, die mich wärmten. Dank den Quellen, die mich labten. Dank den Äckern, die mich nährten. Ihr seid fünf, weil ihr in mir wie in Ihm seid.«

Zugfolgen für Pentagramme zur Anrufung oder Bannung eines Elements

Anrufung Feuer: Feuer – Erde – Äther – Wasser – Luft – Feuer
Bannung Feuer: Feuer – Luft – Wasser – Äther – Erde – Feuer

Anrufung Wasser: Wasser – Luft – Feuer – Erde – Äther – Wasser
Bannung Wasser: Wasser – Äther – Erde – Feuer – Luft – Wasser

Anrufung Erde: Erde – Äther – Wasser – Luft – Feuer – Erde
Bannung Erde: Erde – Feuer – Luft – Wasser – Äther – Erde

Anrufung Luft: Luft – Feuer – Erde – Äther – Wasser – Luft
Bannung Luft: Luft – Wasser – Äther – Erde – Feuer – Luft

Welches Element für welchen Anlass?

Anrufung Feuer: einen Prozess führen, sich um eine Stelle bewerben, eine Entscheidung treffen, die Angst vor etwas verlieren, eine Entwicklung anstoßen

Bannung Feuer: einen Zauberkreis klären, ein Haus vor Dieben schützen, einen Dieb dingfest machen, einen Störenfried abweisen, ein Bündnis besiegeln

Anrufung Wasser: die Wahrsagekraft stärken, eine Ahnung visualisieren, die Gefühle anderer beeinflussen, Heilung fördern, einen Traum verwirklichen

Bannung Wasser: böse Zauber abwehren, einen Fluch aufheben, trübsinnige Gedanken auflösen, Schwätzer fern halten, vor Verrat schützen, falsche Gefühle entlarven

Anrufung Erde: Geldzauber, eine Liebe kitten, Hab und Gut vor Verlust schützen, ein gelungenes Fest veranstalten, jemandem einen Schutzengel schicken

Bannung Erde: Neider fern halten, Betrüger abweisen, eine Sucht loslassen, Schmeichler entlarven, einen Zauberkreis schützen, einen Tyrannen entmachten

Anrufung Luft: einen Blick hinter die Kulissen werfen, Einfälle produzieren, einen Zauber in sein Ziel lenken, einen Zauberspruch aufladen, den magischen Raum erahnen, Pläne schmieden

Bannung Luft: ein Geheimnis hüten, schlechte Stimmungen klären, einen Zehrer vertreiben, ein Vorhaben absichern, vor Einsamkeit bewahren, vor Illusionen schützen

Die Anrufung der Engel

Der magische Raum ist Quelle einer unermesslichen Kraft, die sich teilt, je näher sie den Grenzen des Raumes kommt und in die materielle Welt hineinwirkt. Die einzelnen Stränge der sich auffächernden Kraft werden häufig mit Engeln gleichgesetzt.

Nahe der ursprünglichen Kraft stehen die vier Erzengel: Michael, Gabriel, Raphael und Uriel. Sie regieren die vier Himmelsrichtungen und werden auch als biblische Erzengel bezeichnet, wenngleich der Erzengel Uriel nicht in der Bibel erwähnt wird, sondern im Buch Henoch, das zu den Apokryphen zählt.

Die Tatsache, dass diese vier Erzengel schon seit Jahrtausenden als Wächter des Erdkreises angerufen werden, hat ein Kraftfeld erzeugt, das sich selbst zur Quelle geworden ist und die angerufene Kraft stets neu schöpft.

Wenn Sie einen Engel um Beistand in einer Angelegenheit bitten wollen, rufen Sie ihn mit einem Gebet, zum Beispiel dem Auszug aus Psalm 91: »Denn der Herr ist deine Zuversicht, der Höchste ist deine Zuflucht. Es wird dir kein Übel begegnen, und keine Plage wird sich deinem Hause nahen. Denn er hat seinen Engeln befohlen, dass sie dich behüten auf allen deinen Wegen, dass sie dich auf den Händen tragen und du deinen Fuß nicht an einen Stein stoßest. Über Löwen und Ottern wirst du gehen und junge Löwen und Drachen niedertreten.«

Dann bitten Sie den Engel, Ihnen sein Ohr zu leihen, und tragen Sie Ihr Anliegen vor. Abschließend formulieren Sie Ihre Bitte. Keinesfalls wird das Gebet an den Engel in einem Zauberkreis gesprochen, und der Engel wird auch nicht direkt angerufen, um seine Kraft in eine Zauberhandlung zu geben. Das Allumfassende lässt sich nämlich nicht reduzieren, geschweige denn in einen von Menschenhand gezogenen Kreis zitieren. Vielmehr öffnen Sie sich im Gebet für die Engelkraft. Sie wird Ihr Herz berühren und Sie werden sie bewahren und so erstarkt mit Ihrem konkreten Ritual beginnen.

Eigenschaften der Engelkräfte

Michael regiert den Osten. Sein Name bedeutet: »Wer ist wie Gott?« Er ist der Drachentöter und damit eine mächtige Kraft zur Abwehr böser und verschlingender Energien. Als Bewahrer der Himmelsschlüssel und Hüter der höchsten Weisheit gewährt er Zugang zu spirituellen Einsichten. Er trägt die Gebete der Menschen vor Gottes Thron und überbringt ihnen die Offenbarungen Gottes. Zudem ist er der Wächter des Paradieses und führt die Seelen in den Himmel, weswegen man ihn auch um einen guten Tod bittet.

Weitere Eigenschaften des Erzengels Michael sind Barmherzigkeit, Reue, Geduld und Liebe. Er stärkt den Geist und die Widerstandskraft und macht uns wach, wo wir zu ermüden drohen. Michael kann auch Wunder wirken. Deshalb wird er immer dorthin gerufen, wo keine Hoffnung mehr besteht. Im Wetterzauber wird seine Kraft gegen Blitzschlag beschworen.

Uriel regiert den Süden. Sein Name bedeutet: »Gott ist Licht.« Der Süden war seit Urzeiten die Heimat des verheerenden Sonnenfeuers, wo man Ansammlungen böser Dämonen vermutete, die den Geist verwirren. Davor bewahrt Uriel, der für das reinigende Feuer Gottes im Dornbusch steht. Er bringt das Licht in die Unterwelt und wird ihre Tore dereinst für die erlösten Seelen öffnen, die er dann mit Posaunenschall in den Himmel führt. Uriel ist einerseits eine tröstende und belebende Kraft, andererseits aber auch derjenige, der Strafe und Buße überwacht. Deshalb wird er im Abwehrzauber angerufen, um böse Energie auf ihren Verursacher zurückzulenken.

Außerdem gilt er als Beschützer der Musen und Künste, vor allem der Literatur. Sein Feuer symbolisiert Inspiration und Intuition. Uriel stärkt Einfallsreichtum und Wahrsagekraft. Außerdem bewirkt er Frieden und Versöhnung. Im Volkszauber soll er dem Spieler Glück bescheren.

Raphael regiert den Westen. Sein Name bedeutet: »Gott hat geheilt.« Der Westen ist die Richtung der Sterblichen. Deshalb gilt Raphael als Beschützer der menschlichen Seelen. Er heilt Krankheiten und beschützt Reisende. Vor allem leitet er den Adepten auf seiner inneren Reise. Er ist also auch der Schutzengel der weißen Magier. Andererseits ist er der Ankläger des Bösen und somit jene Kraft, die uns zeigt, aus welcher Richtung eine Bedrohung kommt. Gleichzeitig soll Raphael den Wissensdurstigen laben, indem er ihn in seinem Streben fördert. Beispielsweise hilft er dem Prüfling in der Klausur. Im Volkszauber wird er bei Augenkrankheiten angerufen und wenn man sich außergewöhnlichen Mut zusprechen möchte.

Gabriel regiert den Norden. Sein Name bedeutet: »Gott hat sich stark gezeigt.« Im Norden wähnte man einst den Thron der Götter. Der Norden ist auch die Richtung der Nacht, in der man im Polarstern die Achse der Welt sieht. Gabriel gilt als Herrscher über das Paradies und als Bote Gottes. Er verkündete die Geburt Johannes des Täufers und die Geburt Jesu. Mohammed erhielt seine Offenbarung durch Gabriel. Die Kraft Gabriels soll die Weisheit fördern und dem Menschen ein Gefühl für den richtigen Lebensweg geben. Sie stärkt also das Gottvertrauen.

Gabriels Kraft hilft uns, Mysterien zu erkennen und ihre Botschaft zu verstehen, Träume zu deuten und Visionen zu lenken. Berechtigte Wünsche und Hoffnungen werden durch sie unterstützt, Wahrheitsliebe und Gerechtigkeit gestärkt. Im Volkszauber ist Gabriel der Bewahrer von Geheimnissen und der Übermittler von Träumen.

▶ Die Siegel der Erzengel

Wenn Sie einen Zauber mit der Kraft eines Erzengels aufladen möchten, können Sie ihn mit dem Siegel des entsprechenden Engels beschließen. Dazu zeichnen Sie das Siegel auf ein weißes Blatt und verbrennen dieses, damit sich der Rauch mit Ihrem Zauber verbinden und sein Ziel erreichen kann. Die Engelsiegel können auch als Amulette oder Schutzzeichen verwendet werden: Zeichnen Sie das Siegel auf ein weißes Blatt und verwahren Sie es oder tragen Sie es bei sich. Wenn Sie Ihr Haus unter den Schutz eines Engels stellen wollen, zeichnen Sie das Siegel am besten in der Nähe des Eingangs an eine Wand oder Tür.

Die Siegel der Erzengel Michael, Uriel, Raphael und Gabriel (von links nach rechts)

Das Siegel des Erzengels Michael zeigt eine Waage, mit der er beim Jüngsten Gericht die Seelen wiegt, sowie die Lanze, mit der er den Drachen tötet.

Das Siegel des Erzengels Uriel zeigt eine Hand, die eine Flamme hält. Es symbolisiert seine reinigende Kraft und seine Funktion als Lichtbringer für die Verdammten.

Im Siegel des Erzengels Raphael sehen wir eine Kallebasse, einen Fisch und einen Wanderstab. Die Kallebasse und der Wanderstab weisen darauf hin, dass Raphael den Pilgern beisteht. Der Fisch erzählt die Geschichte seiner Heilkraft, denn mit der Leber und dem Herz eines Fisches heilte er einen Blinden.

Das Siegel des Erzengels Gabriel zeigt eine Lilie und eine Weltkugel. Die Lilie ist ihm als Herrscher des Paradieses beigegeben, die Weltkugel weist ihn als Boten Gottes aus.

Weiße Magie ist frei

Eine arabische Geschichte erzählt von der Freiheit des Magiers. Ein Magier war in Begleitung seines Lieblingsschülers auf dem Weg in die Berge, wo er fasten und meditieren wollte. Da überbrachte man ihm die Nachricht, dass Feinde sein Haus verwüsteten. Der Magier hob einen Kiesel auf und machte damit drei schneidende Bewegungen in Richtung seiner Heimat. Dann verharrte er eine Weile und warf den Stein schließlich in die gleiche Richtung. »Die Feinde sind geschlagen«, sagte er und setzte seinen Weg in die Einsamkeit der Berge fort. Und so war es. Fluchtartig hatten die Feinde sein Haus verlassen, denn die Fenster waren geborsten und die Scherben hatten ihnen ins Fleisch geschnitten. Außerdem war ein Blitz vom Himmel gefahren, der sie zu Boden geworfen und geblendet hatte.

Später fragte der Schüler, wie der Zauber denn habe wirken können, wo er doch so karg gewesen sei und weder dem rituellen Gebrauch entsprochen habe noch irgendwo verzeichnet gewesen sei. Der Magier antwortete: »Schau, mein Freund, ein Zauber ist nicht das Ritual, sondern die Bewegung der Kraft. Sie allein zählt. Das sichtbare Ritual ist nur für den Blinden in dir, der die Kraft nicht sieht, weil er an ihr zweifelt. Ihn muss dein Ritual überzeugen, damit er sich sehend glaubt. Nur dann trägt der Zauber die ganze Kraft deines Wesens, die er braucht, um zu wirken. Der Blinde in mir ist längst ein Sehender geworden. Deswegen hätte ich den Zauber auch ohne jede sichtbare Bewegung durchführen können. Ich tat es aber nicht, weil der Blinde in dir, mein Freund, nach dem Zauber verlangte. Schließlich war es auch deine Kraft, welche die Feinde vertrieb.

Das Ritual, obwohl flugs gewählt und spröde in seiner Art, hat dich überzeugt, weil ein Sehender es beging. Doch was du wirklich gesehen hast, war nicht das Ritual, sondern die wirksame Bewegung der Kraft und des Raumes.« Da erkannte der Schüler seine Beschränktheit. Er ließ von den erlernten Ritualen ab und wandelte sich zu einem Meister, der die Rituale an seine Schüler weitergab, damit diese sich mit ihrer Meisterschaft von ihnen lösen konnten.

Aus dieser Geschichte lernen wir, dass ein Ritual an sich ohne Bedeutung ist, solange wir es verstehen, aus dem Raum der weißen Magie heraus zu wirken. Dennoch bedarf es des Rituals, um die Anbindung an diesen Raum und seine Kraft herzustellen, um, wie es der arabische Magier sagte, den Blinden in uns zu täuschen. Demnach gilt: Das Ritual ist für uns von Bedeutung, nicht für den Zauber. Das erklärt auch, warum man im Allgemeinen doch sagen kann, dass Magie ohne Ritual kraftlos ist.

Ich konnte schon oft beobachten, dass magische Handlungen wirkungslos blieben, weil sie in kein Ritual eingebunden waren oder nur halbherzig und unzulänglich durchgeführt wurden. Dies mag sicher mit daran gelegen haben, dass der Durchführende einerseits meinte, er könne sich über die äußere Form des Zaubers hinwegsetzen, während ihn genau deswegen Zweifel plagten.

Carol, ein alter Magier aus Prag, erzählte mir einmal von seinen magischen Anfängen. Damals, in der kommunistischen Ära, gab es nur wenig Literatur über Magie. Also orientierte man sich am Hörensagen. Manches von dem, was Carol erzählt wurde, kam ihm recht antiquiert vor. Er hielt es für unnötigen Klimbim, der den Zauber nur in die Länge zog.

Also ging er recht unbekümmert vor, verkürzte so manches Ritual und schien keine großen Probleme damit zu haben. Doch schließlich lehrte ihn ein leichthin durchgeführtes Experiment, die Dinge anders zu sehen.

Carol hatte sich darauf eingelassen, die Geister Verstorbener herbeizuzitieren, wobei er die empfohlenen Vorsichtsmaßnahmen aus den erwähnten Gründen nicht beachtete. In der Nacht nach der Beschwörung wachte er auf und empfand es als ungewöhnlich kalt im Schlafzimmer. Als er sich eine Decke aus der Kammer holen wollte, roch er Zigarettenrauch auf dem Flur. Das kam Carol zwar seltsam vor, denn er war Nichtraucher, aber er machte sich keine weiteren Gedanken darüber. Am nächsten Abend wiederholte er die Beschwörung, obwohl er eigentlich kein Interesse mehr daran hatte, doch irgendetwas drängte ihn dazu. Diesmal schlief er gut, aber beim Frühstück kam es ihm immer wieder vor, als stünde jemand hinter ihm. Am folgenden Abend beschwor er den Geist erneut.

Das ging fast zwei Wochen so weiter. Carol sah sich mit immer mehr seltsamen Phänomenen konfrontiert. Er hatte ständig das Gefühl, dass ihn jemand begleitete, und setzte die Geisterbeschwörungen zwanghaft fort. Schließlich musste er selbst zugeben, dass er in eine Art Besessenheit geraten war. Also bat er Jiri, einen erfahrenen Spiritisten, um Hilfe. Der war entsetzt, als er von dem stümperhaften Ritual hörte, und setzte dem Spuk durch einen gezielten Geisterbann ein Ende. Am präzisen Ablauf dieses Rituals erkannte Carol seine Fehler und seinen Dünkel und schämte sich. Mit der Zeit erkannte er, dass sein anfänglicher Ansatz zwar nicht grundverkehrt gewesen war, dass es aber Wissen braucht, um ein Ritual zu verändern oder frei zu gestalten.

Das magische Wissen selbst gibt dem Magier die Freiheit, von seinem Wissen befreit einen spontanen und wirksamen Zauber zu gestalten.

Die Bannung unerwünschter Geister

Wenn von Geistern gesprochen wird, meint man im Allgemeinen diffuse Kräfte, die von unseren Kräften zehren. Ein Geist ist also in den seltensten Fällen ein echter Spuk, sondern vielmehr eine lemurenhafte Energie, die durch eine böse Tat, einen Fluch oder eine rituelle Nachlässigkeit in die Welt gesetzt wurde und kurzfristig eigenständig wird. Diese Kraft will ihre Eigenständigkeit behalten, weswegen sie lebendige Energien absaugt. In diesem Sinne kann man durchaus von »okkulten Viren« sprechen.

Früher nannte man solche schemenhaften dunklen Kräfte Schrate, heute werden sie häufig als Lemuren bezeichnet. Das Wort bedeutet »gierige Geister« und wurde von den Römern benutzt, um die Spukwesen unseliger Verblichener zu bezeichnen. Auch kleine nachtaktive Halbaffen auf Madagaskar werden Lemuren genannt, wohl weil sie von ihrem Äußeren, ihren Lauten und ihrem Verhalten dem Bild niederer Spukwesen entsprechen.

Häufig entstehen diese düsteren Energien dadurch, dass in einem Ritual Kräfte beschworen werden, die nicht zum Zauber passen, zum Beispiel eine Engelkraft für einen belanglosen Suchzauber, bei dem es darum geht, Verlorenes wieder zu finden, oder es werden dämonische Energien herbeizitiert, deren finstere Qualität man unterschätzt. Beides sind typische Anfängerfehler. Sie lassen freilich Kräfte entstehen, die zur Belastung werden.

Gelegentlich befinden sich auch Seelenaspekte tatsächlich Verstorbener unter den Geistern, denn es kommt nicht selten vor, dass starke Gefühle wie Hass oder Liebe über den Tod hinaus erhalten bleiben und den Lebenden als Wesensaspekt des Verstorbenen begleiten.

▶ Der Geisterbann

Diffuse, zehrende und bedrängende Energien können mit einem Geisterbann in die Schranken gewiesen und auf Dauer aufgelöst werden. Dafür benötigen Sie Räucherduft (gut geeignet sind Sandelholz, Myrrhe oder Wacholder), einen Krug voll Wasser, einen Pinsel, ein weißes Taschentuch und eine leere Flasche. Den Krug und die leere Flasche stellen Sie auf den Tisch, Pinsel und Taschentuch legen Sie daneben.

Räuchern Sie zunächst, indem Sie das Räuchergefäß in jeder Ecke des Zimmers mit beiden Händen dreimal anheben und ein Kreuz damit ziehen. Anschließend begeben Sie sich zum Tisch und verharren dort in Stille. Derweil dürfen Sie dem zu bannenden Geist keinerlei Beachtung schenken. Reagieren Sie nicht auf Temperaturschwankungen oder körperliche Befindlichkeiten und lassen Sie auch kein besonderes Interesse am Gelingen Ihres Zaubers erkennen. Ihre scheinbare Interesselosigkeit wird die Kraft provozieren und sie wird sich Ihnen nähern. Reagieren Sie keinesfalls mit Furcht oder Abwehr, denn genau diese Annäherung wollen Sie ja erreichen. Bleiben Sie also ruhig und gelassen, auch wenn Ihnen die Haare aufgrund der verdichteten Energie zu Berge stehen, Sie seltsame Geräusche hören oder Ihnen merkwürdige Gerüche in die Nase steigen.

Wenn Sie das Gefühl haben, dass sich der Geist oder Schrat verdichtet hat und Ihnen unmittelbar nahe ist, tauchen Sie den Pinsel ins Wasser und malen Sie mit schnellen Strichen ein Bild von der Kraft auf den Tisch. Tauchen Sie den Pinsel immer wieder ins Wasser und malen Sie zügig und ohne langes Nachdenken. Wichtig ist nur, dass Sie Ihren Eindruck von der Sie bedrängenden Energie auf den Tisch übertragen. Die Kraft wird sich nun mit dem Bild verbinden, was Sie unter anderem daran spüren, dass Ihre körperliche und seelische Bedrängung nachlässt. Diese Schwingung überträgt sich nun auf die Wasserzeichnung auf dem Tisch. Dass die Übertragung erfolgreich war, können Sie als Kälte in Ihrer Handfläche wahrnehmen, sobald Sie die Hand mit etwas Abstand über die Zeichnung führen.

Nun halten Sie beide Hände über die Wasserzeichnung und sprechen den Geisterbann:

Ich rufe an das fahle Licht der Nacht!
Nimm den Zehrer, den du in den Tag gebracht!
Nimm ihn zurück, hinein in dein Gefilde
Und löse den Schatten nach deinem Bilde!
Saug ihn auf, du schwarzes Maar, lass ihn verwehen.
Lass ihn in deiner dunklen Tiefe untergehen!

Nun wischen Sie das Wasser mit dem Tuch vom Tisch, tauchen das feuchte Tuch in den Krug und wringen es über dem Krug aus. Anschließend gießen Sie das Wasser aus dem Krug in die Flasche, verkorken diese und sprechen den Bann ein zweites Mal, während Sie die Flasche schütteln, damit die Kraft versprengt und gelöst wird.

Jetzt müssen Sie den Inhalt der Flasche nur noch gegen fließendes Wasser gießen und den Bannspruch dabei ein drittes Mal aufsagen. Gegen fließendes Wasser gießen bedeutet, dass Sie die Öffnung der Flasche gegen die Flussrichtung des Wassers halten. Ideal ist das fließende Wasser eines Baches, zur Not tut es aber auch das Wasser aus dem Wasserhahn.

Anmerkung

Die diffuse Energie wird in diesem Ritual mehrmals gelöst und zerstreut. Es ist deshalb ein außerordentlich wirksamer Bann. Jedenfalls habe ich in meiner Praxis nicht einmal erlebt, dass eine solchermaßen gebannte Kraft wiedergekehrt ist.

Zunächst wird die Kraft in die Zeichnung auf dem Tisch gebannt. Dann nimmt das Tuch sie auf. Gleich darauf wird sie im Wasser gelöst und schließlich in der Flasche verschüttelt. Das Ausgießen gegen die Fließrichtung des Wassers bewirkt, dass sich die Kraft restlos verliert, denn damit geben Sie der im Wasser gelösten Kraft den Impuls, bergauf zu fließen. Da dies aber nicht möglich ist, wird sie sich verwirbeln und bald selbst erschöpfen.

Viel gewichtiger als dieser Geisterbann sollte für Sie jedoch die Einsicht sein, dass Sie es gar nicht nötig haben, Dämonen, Geister oder diffuse Kräfte zu zitieren. Diese personifizierten Kräfte fordern immer ihren Tribut, denn sie zehren von Ihrer Lebensenergie um sich selbst zu beleben. Da sich solche Geister vom Menschen beschwören lassen, sind sie ihm letztlich nicht überlegen, sondern unterworfen. Sie würden sich also mit niederen Energien abgeben, was aber nicht die Absicht eines weißen Magiers ist. Sein Bestreben bleibt es, die Kräfte zu erkennen, welche die Welt tragen, und sich mit ihnen zu verbinden. Für seine Magie bedeutet dies, dass er seinen Zauber aus dem magischen Raum heraus ausübt, ihn also mit einer höheren Kraft lädt. Dies gelingt freilich nicht beschwörend, sondern durch Demut und Einsicht. Der weiße Magier weiß, dass er ein Dienender ist und dass die Kraft, mit der er umgeht, nur geliehen ist. Man kann also eigentlich nicht sagen, dass sich ein weißer Magier Energien zur Seite stellt. Vielmehr stellt sich der Magier in das Licht, das diese Kräfte ausstrahlen.

Ein Magier weiß um das Licht magischer Kraft und er weiß sich in seinen Schein zu stellen.

TIPPS FÜR IHRE ZAUBERPRAXIS: Ein Großteil der uns umkreisenden diffusen Kräfte ist eher das Resultat einer spirituellen Verschmutzung als das einer echten Bedrängung. Hier ist ein Geisterbann überhaupt nicht angebracht. Vielmehr geht es darum, die seelische Beeinträchtigung aufzuheben, denn eine heitere Seelenstimmung ist das beste Mittel gegen kühle, vernebelte Energien. Viele kleine Zauberhandlungen können Ihnen helfen, die Atmosphäre in Ihrer Umgebung rasch zu klären.

KELTISCHES KREUZ: Ein Kreuzzeichen in einem im Kreis wird keltisches Kreuz genannt. Es ist ein altbekanntes Abwehr-

Das keltische Kreuz ist ein Lichtsymbol, das dunkle Energien überstrahlt und bannt.

zeichen gegen bedrängende Geister. Ziehen Sie mit Ihrer Schwurhand ein Kreuz in die Richtung, aus der Sie die Bedrohung wahrnehmen, und umkreisen Sie es einmal. Eine noch gründlichere Wirkung erreichen Sie dadurch, dass Sie das keltische Kreuz in alle vier Himmelsrichtungen ziehen. Auf Papier gezeichnet wird dieses Kreuz zum anhaltend wirksamen Bannzeichen.

BIBEL: Dem Geist die Bibel zu zeigen ist ein ebenso prompter wie starker Zauber. Allerdings dürften die wenigsten im konkreten Fall eine Bibel griffbereit haben. Leichter möglich ist es, eine Bibel so aufgeschlagen hinzulegen, dass der 121. Psalm zu lesen ist. Hierdurch sollen Räume geklärt oder die Rückkehr verschatteter Kräfte in geklärte Räume verhindert werden.

KÖNIGSKERZE: Das Räuchern bietet eine weitere Möglichkeit, verschattete Energien abzuweisen. Sandelholz, Myrrhe und Wacholder wurden bereits erwähnt, doch ein sehr spezielles Kraut gegen solche Energien ist die Königskerze. Sie wird traditionell auch Sonnwendblume oder Teufelsflucht genannt, weil sie das Licht des Sommers symbolisiert. Zu Mariä Himmelfahrt krönt sie das Zauber abwehrende Kräutersträußchen. Auch ihre medizinische Wirkung dürfte dazu beigetragen haben, dass die Königskerze im Geisterbann Verwendung findet. Ein Tee aus ihren Blüten wirkt harntreibend und fördert den Auswurf, zwingt den Körper also, das Krankmachende loszulassen. In gleicher Weise soll der Rauch ihrer Blüten krank machende Energien auflösen und das Licht wiederkehren lassen. Das Auslegen von Königskerzenblüten in der Nähe der Tür und am Fenster soll die Schrate zwingen, den Raum und das Haus zu verlassen und künftig zu meiden. Die Königskerze gilt auch als natürliches Bannmittel, um das Haus vor Feuer und Blitzschlag zu schützen.

KRÄUTERSTRAUSS: Die an Mariä Himmelfahrt geweihten Kräuter werden gern getrocknet und übers Jahr als Räucherbeigabe verwendet, denn sie lösen schlechte Stimmungen auf.

Was ein Ritual besitzen sollte

Die Anforderungen an ein Ritual werden in der magischen Literatur oft über Gebühr betont. Manchmal gewinnt man den Eindruck, dass sie so umfassend und anspruchsvoll formuliert sind, um den Leser von der Magie abzuhalten. Dieser Eindruck ist nicht ganz verkehrt, denn die Sorge der in die Magie Eingeweihten war stets, ihr Wissen könne in falsche Hände geraten und ihnen am Ende zum Schaden gereichen. Außerdem waren vertrackte Rituale eine sichere Methode, um Schwärmer und Leichtfüße fern zu halten. Nehmen Sie sich also die Freiheit, allzu überbordende Rituale zu verschlanken.

Wesentlich für Ihr magisches Handeln sollte sein, dass Sie sich mit Ihren Ritualen auch wirklich wohl fühlen. Das Ritual sollte Ihrem Geist eine Heimat sein. Geben Sie ihm also eine Form, die Ihnen entspricht. Ihr Ritual darf weder aufgesetzt noch anspruchslos oder gar lächerlich auf Sie wirken. Sie sollten es als eine geweihte und nicht alltägliche Handlung ernst nehmen. Darüber hinaus sollten Sie Ihr Ritual wenn möglich stets an Ihrem erwählten Kraftplatz durchführen. Das erleichtert die Einstimmung und führt eine dichte magische Atmosphäre herbei (siehe Seite 210).

Eine bestimmte Zauberhandlung, etwa um die Wohnung durch Anbringen eines Amuletts zu schützen, kann man auf unterschiedliche Weise ritualisieren. Je nachdem, welche Bedeutung man dem Ganzen gibt und von welcher Macht der Zauber sein soll, wird sich das Ritual mehr oder weniger umfangreich gestalten. Allerdings sollten Sie bei jedem Ritual darauf achten, dass es in sich stimmig ist und die Mindestanforderungen erfüllt.

Wenn Sie sich an die nachstehend aufgelisteten Punkte halten, haben Sie die Gewissheit, dass Ihr Ritual in sich geschlossen ist, der Zauber seinen Zweck erfüllt und es nicht zu unerwünschten Abirrungen kommt.

- Jedes Ritual sollte einen Anfang und ein Ende haben. Achten Sie also darauf, dass Sie den Anfangs- und den Schlusspunkt ganz bewusst setzen. Hierdurch wird der Zauber angestoßen und geschlossen, die Energie fließt rund und verliert sich nicht.

Die Möglichkeiten, Anfang und Ende eines Rituals zu gestalten, sind vielfältig. Ein paar Beispiele: Zu Beginn entzünden Sie eine Kerze, die Sie zum Schluss wieder ausblasen. Am Anfang und am Ende Ihres Rituals schlagen Sie einen Gong oder klatschen in die Hände. Sie können auch zwei Steine (Feuersteine) gegeneinander schlagen. Oder Sie zeichnen ein Symbol in die Luft: ein Kreuz, ein Pentagramm oder ein aufrechtes Dreieck. Oder Sie öffnen die Bibel und schlagen sie wieder zu, wenn das Ritual zu Ende ist. Oder Sie legen zu Beginn ein Amulett auf den Tisch und verwahren es am Ende wieder.

Sie können ein Ritual auch mit Zaubersprüchen oder Zauberworten beginnen und beenden. Der Abschluss eines Rituals wurde bereits weiter oben beschrieben (siehe Seite 35 f.). Der diesem Buch vorangestellte Zauberspruch eignet sich zur Einleitung eines großen Rituals. Um der beschworenen Kraft fassbare Gestalt zu geben, sollten Sie ihn mit entsprechenden Gesten begleiten.

In den meisten Fällen werden Sie es aber eher mit kleineren Ritualen und schlichten Zauberhandlungen zu tun haben. Hier ist ein entsprechend bescheidener Auftritt des Magiers angebracht. Zu Beginn einer Zauberhandlung können Sie zum Beispiel laut *initium capere* sagen, was »es beginnt« bedeutet. Oder Sie sprechen einen der folgenden Zaubersprüche:

Im Anfang war das Wort,
War der Raum, war die Kraft.
Dies ist der Anfang des Zaubers.
Dies ist der Eintritt seiner Macht.
Klar der Kreis,
Klar der Tisch,
Klar der Geist,
Klar zur Tat.

- Rituale sind von unterschiedlichem Gewicht. Ein kleiner Zauber verlangt ein kleines Ritual, ein großer ein großes. Gewichten Sie das Ritual also entsprechend Ihrer Zauberhandlung.

- Bevor Sie mit einem Ritual beginnen, sollten Sie sich über Sinn und Zweck Ihres Zaubers im Klaren sein. Das heißt, Sie sollten wissen, wofür Sie die magischen Kräfte aktivieren und was Sie damit erreichen wollen. Voraussetzung dafür ist, dass Sie sich wirklich mit dem Anliegen, das zum Mittelpunkt Ihres Rituals werden wird, auseinander gesetzt haben. Nur dann können Sie die Kräfte an den richtigen Punkt lenken und die gewünschte Wirkung erzielen.

- Jeder Zauber hat ein Ziel. Bestimmen Sie das Ziel Ihres Zaubers, bevor Sie mit dem Ritual beginnen. Benennen Sie es während des Rituals und weisen Sie mit eindeutiger Geste auf dieses Ziel.

- Ein Ritual umrahmt eine Zauberhandlung und stellt sie dar. Deshalb sollte sich die Zauberhandlung im Ritual erkennbar wiederfinden. Ein Abwehrzauber verlangt zum Beispiel nach abwehrenden Worten und Gesten. Ein Bindezauber hingegen sollte den erwünschten Kontakt erkennbar machen, etwa durch Umkreisung oder Schnürung.

- Legen Sie die Symbole, die Sie in Ihrem Zauber verwenden wollen, vorher fest und halten Sie sich dann an diese Auswahl. Symbole sind nämlich bedeutende Energieträger und Kraftvermittler, die sich nicht ohne Weiteres austauschen lassen.

- Gönnen Sie sich angemessen viel Zeit für Ihr Ritual und halten Sie sich dann an Ihre Zeitvorgabe. Überziehen Sie nicht. Die in den Zauber fließende Kraft wird durch Verlängerung des Rituals nur selten stärker.

- Indem Sie entscheidende Momente Ihres Rituals wiederholen, bekräftigen Sie Ihren Zauber. Gestalten Sie Ihr Ritual überhaupt so, dass Sie es gern wiederholen. Zum einen wird mancher Zauber durch Wiederholung stärker (Routine schleift ihn nicht ab, sondern bekräftigt ihn), zum anderen schaffen Sie sich so ein Repertoire wirksamer Zauberhandlungen.

Das Ritual ohne Ritual

Wie wir aus der arabischen Geschichte am Beginn dieses Kapitels gelernt haben, ist ein Ritual für eine Zauberhandlung nicht zwingend und ein Meister, oder besser gesagt ein Eingeweihter, nicht auf den äußeren Ablauf einer Zauberhandlung angewiesen. Solche Magier vermögen einen Zauber allein durch die Kraft ihres Geistes zu initiieren und auf sein Ziel zu lenken.

Prinzipiell kann in der Magie jede Erscheinung zum kräftigen Symbol werden, solange sie einen entsprechenden Hintergrund besitzt. Das heißt, letztlich kann der eigene Geist das Symbol stiften, das dem Zauber zur Quelle wird, aus der er schöpft. Es ist keineswegs abwegig, den eigenen Geist als sinnstiftenden Hintergrund für ein Symbol zu verstehen, denn er trägt alle Eigenschaften, die ein machtvolles Zeichen besitzen sollte, in sich.

Unser Geist stellt die Verbindung zum Transzendenten her, denn er ist der Träger des Bewusstseins, durch das wir die magische Welt mit der realen verknüpfen. Er ist der primäre magische Mittler.

▶ Finden Sie Ihr okkultes Siegel

Um sich aus gewohnten Zusammenhängen lösen und die Freiheit ermessen zu können, die Unabhängigkeit von einengenden Verbindungen erlaubt, müssen Sie Ihre ureigene Kraft erkennen und verstehen. Versuchen Sie also, sich den Vorgang der Betrachtung Ihres eigenen Geistes als eine magische Instanz anzueignen, indem Sie für sich oder besser gesagt für Ihren Geist ein Symbol entwickeln.

Nehmen Sie einen Bleistift und weißes Papier und begeben Sie sich an Ihren Kraftplatz. Hier besinnen Sie sich auf sich selbst. Lassen Sie sich von nichts ablenken, auch nicht von den üblichen Accessoires zur magischen Einstimmung. Zünden Sie weder Kerzen noch Räucherwerk an, legen Sie keine Musik auf und lassen Sie Ihre magischen Utensilien in der Schublade. Nüchternheit prägt diese Reise zur Pforte der Magie.

Denken Sie sich in jene Weite des Raumes, die Sie im Einweihungsritual erkundeten (siehe Seite 28). Sie werden rasch wieder das Gefühl haben, über die Grenzen Ihres Körpers hinaus empfindsam zu sein. Sie spüren den Raum. Sie erfahren, wie die Kraft Sie umfasst, und fühlen, wie sich diese Grenze immer weiter in den Raum verschiebt. Ihre Kraft und die Kraft des Raumes vermischen sich. Jetzt sehen Sie Ihr Lichtkleid, die Flamme Ihrer Aura. Sie sehen, wie sie zu leuchten beginnt und ihr Schein sich über Mauern hinweg tief in den Raum ergießt. Sie fließen. Und dennoch wissen Sie, dass es dort draußen eine Grenze gibt, eine Grenze zum Raum, der Sie trägt und der es Ihnen erlaubt, sich in ihn hinein zu strecken. Streben Sie dieser Grenze zu.

Hoch über Ihrem Scheitel, höher als Sie mit Ihren Händen fassen können, ist die Pforte. Sie ist wie eine Membran aus zartblauem Nebel. Sie atmet. Einatmend schöpft sie die Kraft aus dem Raum, ausatmend lässt sie Ihr Licht in seiner unermesslichen Weite wurzeln. Und doch ist diese Membran die Grenze. Empfinden Sie sie. Sehen Sie, wie Ihre Gedanken klein und fern werden.

Drei Siegel, die den Geist verschiedener Magier symbolisieren; von oben nach unten: maskulines Dreieck und Flamme, Kreis und Baum, feminines Dreieck und Katze

Wenn Sie sie ziehen lassen, werden sie sich selbst zu Ende denken und es wird still werden. Sie hören, wie die Kraft der weißen Magie fließt. Die Sterne singen und die Engel spielen Harfe dazu. Das ist der Ton der himmlischen Stille. Lauschen Sie ihm. Sie sind an der Quelle Ihres Geistes. Sie sind bereit für die Begegnung mit Ihrem inneren Magier. Er ist gestaltlos und still. Er ist lichte Kraft und purer Geist. Er ist der Schöpfer Ihres Zeichens.

Denken Sie nicht, sondern schauen Sie still. Schauen Sie auf die Form, die sich Ihnen offenbart. Es wird eine der platonischen Grundformen sein: ein Dreieck, ein Viereck, ein Kreis oder eine einfache Kombination aus diesen Zeichen. Diese Grundform kommt aus dem Raum. Sie beobachten, wie sie sich aus der nebelhaften Membran herausbildet und als zarte Tafel über Ihnen schwebt. Sie beobachten weiter, wie ihr eine Kraft aus Ihrem Lichtkreis entgegenwächst. Sie strebt schemenhaft amorph nach oben und nimmt erst im Aufsteigen Gestalt an. Beobachten Sie, wie sich aus anfänglichem Wehen eine Blume, ein Baum, eine Katze, eine Taube, eine Quelle, eine Wolke oder ein Blitz formt.

Beobachten Sie weiter, wie sich die beiden Formen am Schnittpunkt zweier Sphären durchwirken und ganz allmählich zu einer Form vereinen. Sobald Sie das Gefühl haben, dass sich die gefundene Form zu stabilisieren beginnt, sagen Sie:

Leer ist der heile Raum.
Leere gebiert sein Zeichen.
Es wird zum Siegel für den Raum,
Lässt seine Fülle nicht entweichen.

Dann bringen Sie Ihre innere Sicht zu Papier. Wenn Sie dabei in der meditativen Stimmung bleiben, wird Ihnen die Skizze leicht von der

Hand gehen. Achten Sie weniger auf die Genauigkeit der Zeichnung, als vielmehr darauf, dass Sie die Stimmung, die Sie während Ihrer Sicht erfasst hatte, mit in dieses Siegel geben. Später können Sie das Siegel grafisch exakt ausarbeiten.

Das Symbol, das Sie auf diese Weise gefunden haben, ist ein Geheimsymbol. Es ist nur Ihnen verständlich und nur für Sie bestimmt. Bewahren Sie es deshalb an einem sicheren Ort auf und tragen Sie es ansonsten in Ihrem Herzen.

Mit diesem magischen Schlüssel können Sie die Schleusen zum magischen Raum öffnen und Kräfte mobilisieren, die einen mächtigen Zauber in die Welt tragen.

Tipps für Ihre Zauberpraxis: Wie erwähnt ist es meist nur eine Geste, mit der Sie die Kraft des okkulten Siegels aktivieren: Sie erinnern sich an das Siegel und seine Kraft und führen eine passende Geste aus, um seine Zaubermacht ins Ziel zu lenken. Das kann mal ein Fingerzeig sein, mal eine Beschwichtigungsgeste, mal ein intensiver Blick. Die Geste gibt nur den Anstoß dafür, dass die Kraft in die Welt gesetzt werden kann.

- Wenn es darum geht, einen Zauber mit besonderer Macht aufzuladen, scheint es gelegentlich angebracht, ein magisches Element wie das okkulte Siegel unmissverständlich einzusetzen. Das heißt, es soll in einer für den Magier erkennbaren Weise gezeichnet werden. Da es aber das Wesen eines okkulten Siegels ist, aus dem Verborgenen zu wirken, kann die erkennbare Zeichnung nur flüchtig sein. Sie zeichnen das Siegel also entweder in die Luft oder mit Salz auf Papier, sodass es wieder verwischt werden kann.

Bedenken Sie vor jedem Einsatz des okkulten Siegels, dass Sie mit ihm eine »magische Kanone« zur Hand haben. Schießen Sie also nicht auf Spatzen.

Zwei urmächtige Siegel

Solange Sie sich von der äußeren Form zu lösen versuchen, sind Sie noch mit ihr verbunden. Deshalb werden Sie mit zunehmender Emanzipation von den starren Strukturen der Magie immer mehr auf Urformen zurückgreifen. Urformen sind archaische Zeichen, die den Zugang zu einer urgewaltigen Bilderwelt erschließen und eine tiefere Anschauung der Magie ermöglichen. Wir blicken hinter ihre oberflächliche Struktur und erfassen sie gleichsam wie eine Eingebung als archetypisches Phänomen.

In diesem Sinne ist die Freiheit des Magiers häufig eine Reduktion auf das Wesentliche seines Zaubers. Die beiden rechts abgebildeten Siegel stehen für eine archetypische Verschlüsselung der magischen Wirklichkeit. Sie entstammen einer Initiation, bei der zwei Prinzipien magischen Wirkens Gestalt erhielten, nämlich Passivität und Aktivität.

Das runde Siegel hat eine passive Wirkung. Sie werden es einsetzen, sobald Sie dem magischen Raum eine Angelegenheit zur Klärung überlassen. Das heißt, Sie geben Ihrem Zauber keine Richtung vor, außer der, dass magisches Wirken die Sache befördern und beenden soll. – Es geschehe.

Das quadratische Siegel verweist auf den realen Raum und stellt somit eine aktive Kraft dar. Sie werden es in Ihr Ritual aufnehmen, wenn Sie eine Vorstellung vom Ziel Ihres Zaubers haben. Indem Sie »ich will« sagen, lenken Sie die Kraft. Der Zauber ist Ihr Werk.

Diese beiden Siegel sind klare Arrangements der fünf Urformen Punkt, Linie, Dreieck, Quadrat und Kreis. Im Zauber steht das linke Zeichen für »Es geschehe« und das rechte für »Ich will«.

TIPPS FÜR IHRE ZAUBERPRAXIS: In der Praxis werden Sie das Siegel »Es geschehe« vielleicht zur Verstärkung eines Heilzaubers verwenden, während Sie das Siegel »Ich will« zum Beispiel für einen Geldzauber einsetzen. Weil sie auf urtypische Kräfte zugreifen, sind beide Siegel von großer Zaubermacht. Gleichzeitig sind sie aber auch sehr schablonenhaft, weshalb sie als gezeichnete Siegel nur wenig Wirkung entfalten. Wenn Sie also ihre urtypische Zaubermacht aktivieren wollen, sollten Sie beide Siegel in angemessener Weise gebrauchen und nur in die Luft zeichnen. Beginnen Sie immer mit dem Mittelpunkt und fügen Sie dann die anderen Urformen hinzu.

Wegen ihrer Ursprünglichkeit eignen sich diese Siegel zum Einsatz in einem ebenso ursprünglichen Ritual, zum Beispiel einem reinen Spruchzauber, auch Idiomagie genannt. Setzen Sie das ausgewählte Siegel zu Beginn und am Ende des Rituals.

Sprechen Sie, wenn Sie das Siegel zeichnen, auch die einzelnen Formen wie nachstehend erläutert an.

- Das Siegel **»Es geschehe«** zeichnen Sie in dieser Folge vor sich in die Luft: Punkt, Dreieck, Quadrat und Kreis. Dazu sprechen Sie jeweils eine Zeile des folgenden Zauberspruchs.

Aus dem Funken das Feuer,
Aus dem Feuer die Welt,
Aus der Welt der Geist,
Aus dem Geist das Geschehen.

- Für das Siegel **»Ich will«** zeichnen Sie die Formen Punkt, Kreis, Dreieck und Quadrat in die Luft und sprechen dazu jeweils eine Zeile des folgenden Zauberspruchs.

Im Funken der Geist,
Im Geist das Feuer,
Im Feuer die Welt,
In die Welt mein Wille.

Gedankenzauber, ein unsichtbares Ritual

Gedankenzauber, auch Ideomagie genannt, ist eine feste Kategorie in der Palette magischer Möglichkeiten. Und obwohl er ohne ein sichtbares Ritual auskommt, besitzt er rituelle Elemente.

Jeder Gedankenzauber erfordert eine mentale Vorbereitung, bei der Sie Ziel und Zweck des Zaubers festlegen und vor Ihrem inneren Auge visualisieren. Danach legen Sie fest, in welcher Weise Sie Ihre Gedanken lenken werden. Sie können sich zum Beispiel ganz auf ein inneres Bild fixieren, etwa indem Sie das Bild eines Gegners vor Ihrem geistigen Auge nach und nach verdunkeln, bis es in vollkommener Dunkelheit verschwindet. Hierdurch nehmen Sie Ihrem Feind das Licht und seinem Zauber die wirkende Kraft. Die Energie, mit der er Sie beeinflussen will, braucht er jetzt selbst, um seine Kraft nicht zu verlieren. Er richtet seine böse Absicht also gegen sich selbst, ohne dass Sie einen entsprechenden Impuls setzten.

Schwieriger ist der komplexere bildhafte Gedankenzauber, da er eine bildhafte Denkweise voraussetzt, die nicht jedermann eigen ist. Häufig vermischen wir Gedankensätze mit Bildern oder kommentieren die vorgestellten Bilder mit wörtlichen Gedanken. Es ist also sinnvoll, sich für einen solchen Zauber ein geistiges Drehbuch anzufertigen, damit Sie das Ziel in vertretbarer Weise anvisieren. Wenn Sie Ihren Gedanken nämlich freien Lauf lassen, werden Sie leicht zum Getriebenen Ihres gedanklichen Filmes und schießen über das Ziel hinaus. Dann verlieren Sie womöglich die Kontrolle und beleben Energien, die Ihnen zum Schaden gereichen. Wenn Sie beispielsweise die Aufmerksamkeit eines anderen Menschen auf sich lenken wollen, sollten Sie nur diesen Moment gedanklich visualisieren. Stellen Sie sich also nur vor, wie Sie diesem Menschen begegnen, ohne dabei die äußeren Umstände wie Ort, Anlass, Stimmung und anderes mehr bildhaft zu machen. Belassen Sie diese äußeren Umstände bewusst im Nebulösen. Die gedanklich visualisierte Begegnung ist somit nur eine Bewegung, eine Konfrontation, bei der die Person Sie erkennen wird. Das Bild dieses Erkennens ist der wesentliche Teil dieses Gedankenzaubers. Nun bedarf es nur noch der tatsächlichen Gelegenheit, damit sich der Zauber erfüllen kann.

Beim Gedankenzauber kommt es entscheidend darauf an, die Gedanken auf das Wesentliche zu richten und Ausschmückungen und Abweichungen auszublenden. Wirksamer Gedankenzauber basiert auf vollkommener Konzentration.

Beim Gedankenzauber, der auf dem Wort basiert, wird das Ziel in einen möglichst kurzen Satz gefasst, den man dann wie ein Mantra in Gedanken ständig wiederholt. Wollen Sie zum Beispiel die Nachstellung durch einen unangenehmen Zeitgenossen abblocken, wiederholen Sie in Gedanken den Satz: »Siehst du mich, geht's dir schlecht.« oder: »Folgst du mir, fällst du tief.«

Wichtig ist, dass Sie Ihren Satz präzise formulieren, denn nur dann erzielen Sie die gewünschte Wirkung. Ein Satz wie »Ich sehe dich nicht« würde gegen einen Stalker nicht viel nützen, denn Sie wären für ihn weiterhin sichtbar, würden seine Angriffe aber zu spät bemerken, weil Sie ihn ausblenden. Es wäre auch wenig sinnvoll, ihn in Gedanken nur aufzufordern zu verschwinden. Ein solcher Zauber ist ebenso unpräzise wie ohne Konsequenz. Repetieren Sie hingegen »Verschwinde oder büße!«, stellen Sie ihn vor eine Entscheidung, deren Folgen er sehr deutlich spüren wird, falls er Ihnen weiter nachstellt. Ähnliches geschieht, wenn Sie repetieren: »Verfolgst du mich, verlierst du dich.« Dann wird er sich mit der gleichen Gewalt schwächen, mit der er Ihnen nachstellt.

Beim wörtlichen Gedankenzauber haben Sie das Ziel von Anfang an sehr deutlich vor Augen und lenken durch die Wiederholung sehr viel Gedankenkraft darauf. Auch bei den anderen Varianten der Gedankenzauberei fließt Ihre Kraft konzentriert in das bestimmte Ziel. Deshalb ist es von Bedeutung, dass Sie dem Ritual der gerichteten Gedankenkraft ein vernehmliches Ende setzen. Beim bildhaften Gedankenzauber sagen Sie laut: »Dies Bild soll sich zum Bilde bilden.« Den wörtlichen Gedankenzauber beenden Sie, sobald Sie eine eintretende Erschöpfung spüren. Dann sprechen Sie den Gedankensatz laut aus und beschließen ihn mit einem herzhaften »So ist es.«

Tipps für Ihre Zauberpraxis: Sollte sich Ihr Gedankenspruch anschließend noch weiter in Ihrem Kopf drehen, sagen Sie laut: »Geiwsch rebuaz geiwsch!« Dies ist ein lautmalerischer Umkehrzauber und bedeutet in der richtigen Lautfolge »Schweig, Zauber, schweig!« Damit halten Sie die Gedankenmühle sehr rasch an.

▶ Ein Experiment zur absoluten Magie

Dieses Experiment vermittelt Ihnen über die Worte hinaus eine Ahnung von der Lösung im Raum. Es ist ein paradoxes Experiment, das sich nicht mit der lichten Weite eines jenseitigen Raumes beschäftigt, sondern mit irdischer Dichte. Ist doch die materielle Sphäre getreu dem Leitsatz »Wie oben, so unten« eine gültige Entsprechung der körperlosen Sphäre. In irdischer Dichte spirituelle Weite zu finden, ist ein Zweck dieser Übung. Das Experiment entstand während eines symbolischen alchemistischen Prozesses, bei dem der Stein der Weisen ins Feuer zurückgegeben wurde. Dieser Vorgang ist eine sinnbildliche Entsprechung für den Übertritt des Magiers in den magischen Raum. Diese Wahrnehmung zu ermöglichen, war ein weiterer Zweck der Übung.

Suchen Sie sich einen faustgroßen Kiesel und folgen Sie Ihrem inneren Magier. Sie sind ihm an der Quelle Ihres Geistes begegnet (siehe Seite 96). Er spricht Ihnen vor:

»Ich lege meine Hand auf diesen Stein. Ich lasse sie darauf liegen. Ich fühle den Stein. Ich werde zum Stein. Der Stein wird zu mir. Ich fühle den Stein nicht mehr. Der Stein fühlt mich nicht mehr. Da ist nur noch die Hand auf dem Stein, nur noch die schlichte Wahrheit. Der Stein. Er wird nicht gedacht. Das Gefühlte wird nicht beschrieben. Im Augenblick ist dieser Stein die Welt. Er ist ihr gesamter Inhalt. Die Welt ist Stein geworden. Es gibt keinen Denker mehr. Es gibt keinen Fühlenden mehr. Es gibt nur noch den befühlten Stein. Er ist die Wahrnehmung. Es wirkt.

Stein. Der Gedanke wacht wieder auf, denkt über den Stein nach. Schon ist der Stein der Weisen, den ich soeben in Händen hielt und nicht hielt, schon ist dieser Stein zurück ins Feuer gegeben. Er schmilzt und der Gedanke versucht das Unfassbare, das, was er nicht fassen konnte, weil er abwesend war, zu fassen. Der Gedanke sehnt sich zurück nach dem Moment, in dem er sich selbst erkannte und still werden konnte. Er weiß, wonach er sich sehnt, und verirrt sich doch in seinem Sehnen. Bis er merkt, dass er die Schwelle, die er überschreiten möchte, nicht überschreiten kann. Denn diese Schwelle liegt jenseits des Gedankens. Sie ist sein Tod. Wenn er dies erkennt, stirbt der Gedanke. Danach wird es wieder einen Gedanken geben, aber es ist nicht der Gedanke, der gestorben war. Es wird auch nicht mehr der Denker sein, der den gestorbenen Gedanken gedacht hat, denn mit dem Tod des Gedankens starb auch sein Denker.«

Geschieht, was Ihnen Ihr innerer Magier diktierte, so findet in der Tat eine Läuterung der Gedanken statt. Und letztlich vermittelt nur sie allein eine Ahnung vom magischen Raum.

Jemand, der dieses oben beschriebene Experiment durchführte, schrieb das folgende Gedicht, in dem er sein Erleben ausdrückte:

Alles fällt ab und weicht dem Gewahrsein.
Übrig bleibt das Wesen.
Leere ist das Wesen von allem.

M A R A X

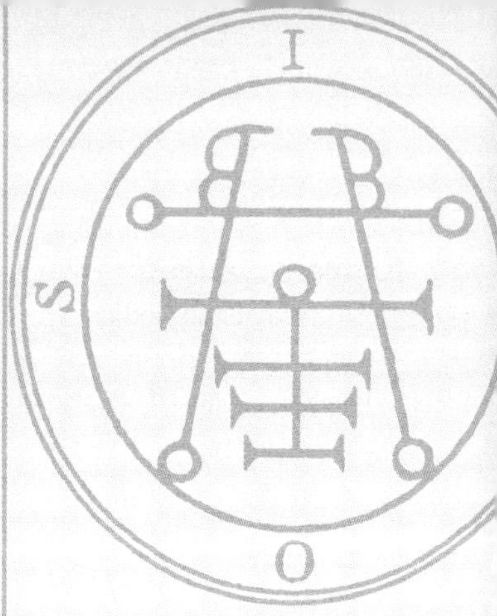
I O S

B E R I T H

A S A R O T H

S T O L A S

P N E X

Teil 2

Die Zauberkraft der weißen Magie nutzen

Magie ist Wirkung.
Der Magier stößt die Zauberkräfte an und lenkt sie in die Welt. Hier werden sie zu einer formenden Kraft, die Körper, Geist und Seele erfasst. So wird der gestiftete Zauber Wirklichkeit.

Durch Ihre Anbindung an den magischen Raum haben Sie mittlerweile ein untrügliches Gefühl für die Zaubermacht der weißen Magie und damit auch für Ihre eigene magische Stärke gewonnen. Sie wissen nun, wie weit und wie tief Ihr Zauber reicht und können ihn entsprechend dosieren. Auch wissen Sie, wann es angebracht ist, magisch auf ein Ereignis zu reagieren, oder wann Sie es mit magischen Angriffen zu tun haben. Es ist Ihre magisch geschulte Wahrnehmung, durch die Sie diese weise Sicht auf das reale Wirken und das noch unbestimmte Geschick gewinnen. Folglich werden Sie mit magischem Verständnis von Fall zu Fall das passende Ritual aus den nachstehenden Vorschlägen wählen oder es mit sicherer Intuition an Ihre Erfordernisse anpassen.

Der zauberhafte Schutz der weißen Magie

Die Anreise war lang gewesen, und der Ort, an dem Vivian nun ein ganzes Jahr lang forschen und unterrichten würde, besaß eine besonders dichte Atmosphäre. Schon seit Jahrtausenden hatten sich Menschen hier getroffen, um Einsichten zu gewinnen. Es war ein Kraftplatz, wie man ihn nur selten findet, ein heiliger Ort, wenn auch kein ausgesprochener Kultplatz oder gar Wallfahrtsort. Es war eher ein Ort der Begegnung, des Austausches und der Meditation. Dies lag an dem Strom der Kraft, der hier eher verborgen als Quell des Wissens wirkte. Dieser stille, aber stete Strom freilich machte die besondere spirituelle Energie aus, die sich dem Eingeweihten hier mitteilte. Es war das Geheimnis des

Ortes, das man entdecken musste. Vivian wusste darum. Sie war eine Eingeweihte.

Als sie ankam, nahm ihr Meister sie zur Seite und ermahnte sie, sich zu schützen. Vivian wusste auch darum. Sie hatte ein Amulett mitgebracht: eine silberne Rose. Diese bat sie ihren Meister für sie zu weihen. Sie würde sie während ihres Aufenthalts tragen. Der Grund für diese Vorsicht waren die vielen Menschen, die wegen der besonderen Atmosphäre hier studierten, von denen aber nur wenige Eingeweihte waren. Alle anderen konnten die Energie des Ortes nicht wirklich aufnehmen. Sie wurden zwar von ihr berührt, und diese Berührung ließ so manchen seine Defizite erahnen, doch die meisten verstanden diese Ahnung nicht als Aufforderung zur Achtsamkeit. Vielmehr neideten sie die Kraft jedem, von dem sie unbewusst spürten, dass er in Kommunikation mit ihr stand. Dieser Neid aber war Gift für die wenigen Eingeweihten. Deshalb schützten sie sich davor.

Vivian gab dem Meister die silberne Rose und ging mit ihm in die Kapelle. Dort legte er das Amulett auf den Altar, segnete es und bespritzte es mit Weihwasser. Anschließend bewegte er eine brennende Kerze mehrmals im Kreis von links nach rechts um das Amulett und sprach folgende Schutzformel:

Heilige Kraft,
Die du seit Jahrtausenden waltest,
Die du uns dank deiner Gnade weihst,
Erhebe diesen Ort und segne diese Rose.
Dein Licht schenkt Engeln Gestalt.
Deine Festigkeit vertreibt das Böse.
Deine Beharrlichkeit schützt das Gute.
Dein Wehen verströmt den Geist.
Heilige Kraft,
Senke dich über diese Rose.

Danach legte der Meister ein weißes Tuch über die silberne Rose und beendete das Ritual mit drei Kreuzen, die er über dem Tuch schlug. Das Amulett blieb so bedeckt über Nacht in der Kapelle liegen, bis die aufgehende Sonne auf das weiße Tuch schien. Zu der Zeit waren Vivian und ihr Meister in der Kapelle. Der Meister nahm das Tuch von der Rose und die Sonne ließ das Amulett erstrahlen. Wieder schlug er drei Kreuze über dem Amulett, dann hob er es hoch und legte es Vivian an. Es schien ihr, als trüge sie von nun an die Kraft der Sonne bei sich.

Das Jahr verging wie im Flug. Vivian konnte ihr magisches Wissen unbehelligt von negativen Einflüssen vertiefen, da sie von den Unwissenden nicht erkannt wurde. Als sie wieder abreiste, schenkte sie das Amulett einer Schülerin, von der sie wusste, dass sie die Quelle, die diesen Ort heiligte, bald entdecken würde.

Auch wenn wir nicht wissen, ob wir angegriffen werden und wer uns angreifen könnte, wollen wir auf mögliche Angriffe vorbereitet sein. Das Schlimme an einem Angriff wäre weniger der Angriff selbst – gegen ihn wüssten wir uns zu wehren – als vielmehr die absehbare Störung unseres Friedens und unseres Selbstverständnisses.

● Vivians Amulett war für die Abwehr unbestimmter Angriffe bestimmt. Weil ihr Meister die Weihe für sie vorgenommen hatte, war die Ladung besonders intensiv. In einem gemeinsamen Ritual werden die Kräfte nämlich konzentrierter angerufen und teilen sich dann für gewöhnlich ebenso verstärkt mit. Wenn Sie einen bedeutenden Zauber ausüben wollen, sollten Sie also dafür sorgen, dass Ihnen jemand dabei assistiert beziehungsweise beisteht.

- Mit seinem Zauberspruch sprach der Meister indirekt auch die Kraft der vier Elemente an: Licht für Feuer, Festigkeit für Erde, Beharrlichkeit für Wasser und Wehen für Luft. Er tat dies gleichnishaft, weil er die Kraft der Elemente als Ganzes und nicht die einzelnen Temperamente ansprechen wollte. Gleichzeitig vollzog er durch die indirekte Ansprache der Elemente ein Ritual in die vier Himmelsrichtungen, ohne sich ihnen sichtbar zuzudrehen. Beides geschah, um die elementare Kraft samt dem Raum anzusprechen. Das Ritual endete im Osten, wo es begonnen hatte, und ist damit den im ersten Teil dieses Buches beschriebenen großen Beschwörungen gleichgestellt, wenn auch deutlich verhaltener in seiner Art und somit dem bescheidenen Weihezauber angemessen.

- Sprechen Sie den Zauberspruch nach, und ersetzen Sie das Wort Rose durch den Namen des Gegenstandes, auf den Sie die Kraft herabziehen wollen. Achten Sie darauf, dass Sie das Ritual an einem gut gepolten Ort durchführen. Der Ort, an dem Sie ein Ritual abhalten, wirkt nämlich als Entsprechung zum magischen Raum, aus dem Sie die Kraft herbeilenken.

- Bei den drei Kreuzen, die der Meister zu Beginn und am Ende des Rituals schlug, handelt es sich um traditionelle weißmagische Umrahmungen. Durch sie soll die Dreifaltigkeit der himmlischen Kraft – im Christentum Gottvater, Sohn und heiliger Geist – als Zeuge und Schutzmacht angerufen werden.

- Das Amulett lag über Nacht in der Kapelle, wo es nachhaltig aufgeladen wurde. Damit die Schatten der Nacht es nicht berühren konnten, hatte der Meister es mit einem weißen Tuch bedeckt. Legen auch Sie Ihr Amulett zur Weihe an einen exponierten Platz. Vielleicht richten Sie sich an Ihrem Kraftplatz einen Altar ein. Achten Sie darauf, dass die Morgensonne ihn bescheinen kann, denn durch ihr Licht wird der Zauber sichtbar besiegelt. Sie brennt die angereicherte Kraft in das Amulett.

- Dass Vivian eine silberne Rose als Amulette wählte, war keineswegs nur eine Geschmacksfrage. Silber symbolisiert die Kraft des Mondes. Es vertreibt Werwölfe und Vampire und wehrt alle Kräfte der Düsternis ab, zu denen auch der Neid zählt. Die Rose ist ein Mariensymbol und steht somit ebenfalls für eine lunare, weibliche Energie. Zudem ist die Rose ein Zeichen der Verschwiegenheit, und eine silberne Rose symbolisiert dies als nächtliche Rose in besonderem Maße.

- Die Übergabe des Amuletts an die Schülerin war eine magische Geste, dank welcher der Zauber belebt und verstärkt wurde. Wenn auch Sie gerne ein Amulett verschenken möchten, sollten Sie dem Beschenkten erklären, dass es sich um einen geweihten, mit Kraft geladenen Gegenstand handelt. Damit setzen Sie einen Impuls für die Achtsamkeit gegenüber der Schutzkraft.

Amulette wählen und weihen

Es gibt zahlreiche Möglichkeiten, ein Amulett einzusetzen. Manche werden als Geldzauber im Portemonnaie verwahrt. Andere liegen bei der Leibwäsche im Schrankfach, damit keine Geister in die Wäsche einfahren können. Wieder andere werden nur zu besonderen Gelegenheiten, etwa für eine Prüfung oder beim Glücksspiel, getragen oder ausgelegt. Je nachdem, wofür Sie ein Amulett verwenden wollen, werden Sie eine entsprechend schlichte oder kostbare Ausführung wählen. Prinzipiell gilt:

Innere Kraft nach innen,
äußere Macht nach außen.

Äussere Macht: Wenn Sie einen Abwehrzauber anstreben, der Sie vor bösen Menschen verschonen soll, tragen Sie am besten ein sichtbares Amulett, etwa ein Schmuckkreuz an einer Halskette. Wollen Sie sich hingegen generell vor Unbill schützen, hilft Ihnen eher ein eindeutig abwehrendes Zeichen wie ein schildförmiger Türkis oder eine silberne Doppelaxt, die den neuen und den alten Mond versinnbildlicht und als feministisches Symbol gern von Frauen gewählt wird.

Innere Kraft: Ein Amulett, das Ihre persönliche Kraft stärken und Ihre Zaubermacht mobilisieren soll, sollte eher zurückhaltend sein, damit es nicht so leicht von negativen Energien berührt werden kann. Einen stärkenden Anhänger tragen Sie also am besten unter Ihrer Bluse oder Sie verschließen das eigentliche Amulett hinter einem Ziervorsatz. In so genannten Giftringen kann man das Amulett in einer Schmuckkapsel verstecken. Der esoterische Handel bietet solche Ringe in verschiedenen Ausführungen an.

Allgemein verwahrt man in aufklappbaren Schmuckstücken gern geschriebene Zaubersprüche, mit denen Schutz und Hilfe herbeigerufen werden sollen. Dies kann der Wunsch nach Abwehr von Feinden, finanziellen Mitteln oder der Linderung von Schmerzen sein. Schreiben Sie einen solchen Zauberspruch mit Tinte auf ein weißes Papier und verwahren Sie dieses zusammengerollt in der Schmuckkapsel. Sobald der Wunsch Wirklichkeit geworden ist, nehmen Sie das Papier aus der Kapsel und verbrennen es.

Schriftamulette: Diese Form des aufgeschriebenen Zaubers spielt vor allem im Heilzauber eine Rolle. Der Magier schreibt einen Genesungszauber auf ein weißes Stück Papier, das der Kranke so lange bei sich trägt, bis er Linderung erfährt. Heute wird dieser Zauber vor allem im Berufsleben eingesetzt – als Schutz vor Mobbing. Schreiben Sie in einem solchen Fall konkret auf, gegen wen und welche Absichten Sie sich wehren wollen.

Amulette arrangieren: Kombinierte Amulette wie Glücksarmbänder werden als Schmuckstück getragen und bestehen aus einer Kette, an die kleine Symbole gehängt werden. Jedes einzelne Symbol soll den Träger auf seinem Lebensweg behüten und ihm Glück bringen. Eine andere Form des kombinierten Amuletts ist das Arrangement von Symbolen in kleinen Lederbeuteln. Hier werden meist Gegenstände mit einer sehr persönlichen Bedeutung wie Fundstücke, Erbstücke oder selbst gebastelte Zeichen zusammengeführt. In kritischen Situationen, in denen Sie die Kraft besonders aktivieren möchten, nehmen Sie die einzelnen Stücke aus dem Beutel und legen sie vor sich. Denken Sie darüber nach, wie Sie zu den Stücken gekommen sind und was Sie Ihnen bedeuten. Arrangieren Sie die Stücke zueinander. Sprechen Sie die Beziehung, die Sie damit herstellen, laut an und benennen Sie die besondere Abwehrkraft, die Sie damit aktivieren wollen. Hierdurch beleben Sie den Zauber neu und rüsten sich mit Ihrem Amulett gegen die aktuelle Bedrohung. Legen Sie die Symbole am Ende wieder in den Beutel zurück.

Amulettsymbole

Die wohl am häufigsten verwendeten Amulettsymbole sind Kreuz, Davidstern und Pentagramm, gefolgt von den zwölf Tierkreiszeichen. Diese Symbole sind eindeutig und haben üblicherweise einen klaren Bezug zu ihrem Träger. Aber auch die nachstehend aufgeführten Symbole werden gern als Amulette gewählt.

Anker: Ein Anker hält das Schiff in stürmischer See vor Land und verspricht dem Reisenden eine gute Heimkehr. Auch verbirgt sich in ihm ein Kreuz, weswegen er für die Glaubenskraft steht. Als Amulett nährt er vor allem die berechtigte Zuversicht.

Ankh, auch Henkelkreuz oder koptisches Kreuz genannt: In seiner Schleife sieht man die Sonne, welche die Erde befruchtet. Bei den antiken Ägyptern war das Ankh der Schlüssel zum Totenreich und somit zum ewigen Leben. Als Amulett spendet es Kraft, bewahrt die Gesundheit und reinigt Körper und Seele von schlechten Anhaftungen.

Bär: Ein Bär steht für Kraft und Tapferkeit, aber auch für den Sanftmut des Starken und Gerechtigkeit. Als Amulett verspricht er eine Entwicklung zum Guten.

Delphin: Der Delphin symbolisiert Schönheit, Muse, Tanz, Spiel und Friede. Als Amulett ist er ein starkes Zeichen für Harmonie, Klugheit und Kunstsinn. Zudem gilt er als Retter und Tröster in höchster Not, trug er doch einst die Seelen auf seinem Rücken sicher ins Totenreich.

Eichel: Sie ist die Frucht vom Baum des Donar, jenes Gottes, der Blitze schleuderte. Deswegen steht sie für Stärke und Beharrlichkeit, aber auch für Unsterblichkeit. Im Gesundzauber wird sie berührt, wodurch das Kranke auf sie übergeht. Im Liebeszauber bringt sie einer Verlassenen den Geliebten zurück.

Glückspfennig: In allen Zeiten galt die kleinste Münze als Glücksbringer und wurde, um ihre Funktion noch zu betonen, oft sogar vergoldet. Als Amulett gehört der Glückspfennig (heute wäre es ein Glückscent) zum Geldzauber, weil er verhindern soll, dass uns das Geld ausgeht.

Herz: Ein Herz gilt als Mariensymbol und soll den Beistand der Gottesmutter herbeirufen. Es ist ein Zeichen der Milde und des Gefühls. Es beschützt die Liebe und festigt die Freundschaft. Deswegen wird ein Herz als Amulett auch als Liebesgabe verschenkt.

Lilie: Der Erzengel Gabriel legte der Gottesmutter eine Lilie zu Füßen, als sie guter Hoffnung war. Daher gilt die Lilie als Symbol der Reinheit. Sie klärt die Atmosphäre und wehrt das Böse ab. Zudem ist sie die Blume der Könige und somit ein Herrschaftssymbol, das von Macht und Einfluss zeugt.

Neidfeige: So nennt man die Fica-Amulette, die eine Hand zeigen, bei der die Daumenspitze zwischen Zeige- und Mittelfinger herausragt. Sie schützt vor dem bösen Blick, der uns unser Glück neidet und Unheil über uns bringen möchte. Außerdem soll sie die Potenz erhalten und steigern.

Schwein: Ein Schwein als Amulett ist ein Glückssymbol, vor allem ein Zeichen des materiellen Glücks, denn Schweine sind stets wohl genährt und sorglos. Wegen seiner Zeugungskraft ist das Schwein auch ein Fruchtbarkeitssymbol.

▶ Das selbst gezeichnete Amulett

Selbst gezeichnete Amulette sind von besonderer Zauberkraft, weil der Zeichner nicht nur seine ganz persönlichen Absichten und Wünsche hinein gibt, sondern auch seine eigene Bildsprache. Dadurch wird die Zauberkraft sehr genau geformt und gelenkt.

Wenn Sie ein solches Amulett anfertigen wollen, machen Sie zunächst einen Entwurf. Arrangieren Sie die verschiedenen Symbole, wie es Ihnen dünkt. Prüfen Sie dann die Stimmung des Amuletts, indem Sie es eingehend betrachten und sich von seiner Kraft ansprechen lassen. Vielleicht prüfen Sie die Stimmung zusätzlich mit einem Pendel. Wenn das Amulett etwas in Ihnen zum Klingen bringt, übertragen Sie den Entwurf auf weißen Karton.

Mit dem rechts abgebildeten Amulett wurde eine in die Krise geratene Liebe neu beschworen. Die Namen der beiden Verliebten und der Spruch »auf ewig neu« machen dies auf den ersten Blick deutlich. Hinzu kommen die treffenden Symbole. Wir sehen eine Schlange, aus der Rosen knospen und die ein Herz trägt. Die Schlange, die sich immer wieder häutet, ist so-

Ein selbst gezeichnetes Amulett für einen Liebeszauber

wohl ein Symbol der ewigen Erneuerung als auch ein Sinnbild der aktiven Liebe. Sie ist aber auch ein abwehrendes Zeichen, das diese Liebe vor Neidern behüten soll. Die aufblühende Rose symbolisiert die sich erneuernde Harmonie und Leidenschaft, den Reigen des sich immer wieder neu Entdeckens. Das Herz ist eindeutig. Es zeigt die Liebe in ihrer ganzen gewollten Fülle und Leidenschaft. Dieses Amulett wirkte übrigens rasch. Bereits nach wenigen Tagen waren alle Missverständnisse ausgeräumt und Karin und Roland waren wieder ein inniges Paar.

▶ Zueignung und Weihe eines Amuletts

Eine sehr intensive Amulettweihe wurde bereits im Rahmen des Hexagrammrituals (siehe Seite 47 ff.) beschrieben. Eine solche Weihe ist allerdings nur bei sehr wirkintensiven Amuletten angezeigt. Im Allgemeinen ist die Zueignung eines Amuletts eher unkompliziert und besteht grundsätzlich aus drei Schritten: (1) Auswahl mit Erwerb oder Herstellung des Amuletts, (2) Reinigung des Amuletts und (3) Weihe mit Aufladung und Kraftübertragung.

Gereinigt wird ein Amulett entweder durch Räuchern, Salzen oder Wässern.

Räuchern: Beim Räuchern halten Sie das Amulett in den Rauch einer Räucherkerze und schwenken es dreimal hin und her. Wiederholen Sie dies mindestens zweimal.

Salzen: Zur Reinigung mit Salz nehmen Sie etwas Salz in die linke Hand und lassen es über das Amulett rieseln. Reiben Sie das Amulett mit dem verstreuten Salz ab und blasen oder kehren Sie das Salz anschließend weg.

Wässern: Zum Wässern muss das Amulett selbstverständlich wasserbeständig sein. Legen Sie es etwa eine Viertelstunde lang unter fließendes Wasser. Andere vertrauen mehr auf die Wirksamkeit von Weihwasser. Nehmen Sie das Amulett mit in die Kirche und tauchen Sie es dort kurz ins Weihwasserbecken. Schlagen Sie anschließend mit Blick auf den Altar ein Kreuz.

Berühren: Auch das Berühren einer Reliquie mit dem Amulett ist als Weihe beliebt. Hierdurch soll die Kraft des Heiligen auf das Amulett übergehen. Da Reliquien allerdings selten frei zugänglich sind, begnügt man sich damit, das Abbild eines Heiligen mit dem Amulett in Kontakt zu bringen.

Behauchen: Im häuslichen Rahmen ist das Behauchen eines Amuletts als Weihehandlung üblich. Dazu legen Sie Ihr Amulett in die linke Hand (sie gilt als die schöne Hand, weil wir mit ihr weniger grobe Tätigkeiten ausführen, und als die magische Hand, weil sie dem Herzen näher ist) und behauchen Sie den Gegenstand dreimal. Nachdem Sie das getan haben, sprechen Sie den folgenden Zauberspruch:

Zaubermacht
Die Kraft hernieder
Angedacht ans Amulett
Das Zeichen wieder
Aufgebracht im Raum komplett.

Danach behauchen Sie das Amulett erneut dreimal und segnen Sie es, indem Sie mit der rechten Hand drei Kreuze darüber schlagen. Abschließend behauchen Sie es noch dreimal.

▶ Die Mondweihe besonderer Amulette

Grundsätzlich sollten Sie ein Mondritual nur um den Vollmond herum durchführen, also einen Tag vor bis einen Tag nach Vollmond. Mit der Reinigung des Amulettes beginnen Sie etwa eine halbe Stunde vor Sonnenuntergang. Lassen Sie Ihr Amulett unter fließendem Wasser liegen, bis die Sonne hinter dem Horizont versinkt. Mit dem Wasser wird Ihr Amulett bereits von sinnbildlicher Mondkraft umspült. Es nimmt sowohl die Geschmeidigkeit des Wassers als auch seine mitreißende Kraft und seine Lebendigkeit an.

Zur Weihe legen Sie das Amulett am besten ins Freie, wo es über Nacht vom Mond beschienen werden kann. Sie können das Ritual auch durchführen, wenn der Mond von Wolken verhangen ist, weil es allein auf die Kraft des vollen Mondes ankommt, und die dringt auch durch Wolken. Legen Sie das Amulett auf einen runden Spiegel. Dieser Spiegel versinnbildlicht die Mondscheibe, die das Amulett wie ein Boot durch die Nacht tragen wird. Der Spiegel reflektiert aber auch die Schattenkräfte der Nacht, damit diese sich nicht auf das Amulett senken können. Gleichzeitig hält das Amulett über den Spiegel den Mond fest. Es lässt ihn gewissermaßen nicht mehr aus dem Auge. Es ist im Mond. Dies wiederum bedeutet, dass das Amulett ebenso weit und umfassend wirken wird wie der volle Mond, der eine Hälfte der Erde bescheint, während er der Sonne ins Antlitz blickt und ihr Licht in die Nacht lenkt. Es bedeutet auch, dass das Amulett den Rhythmus des großen Zeitgebers verinnerlichen wird. Diese Macht des göttlichen Urvaters Kronos, die Macht über die Zeit, ist eine der stärksten Zauberkräfte überhaupt.

Sollten Sie das Amulett nicht ins Freie tragen können, stellen Sie es auf seinem Spiegel so in ein Fenster, dass der Mond es um Mitternacht bescheint. Sprechen Sie, sobald Sie das Amulett auf den Spiegel gelegt haben, den auf Seite 121 zitierten Zauberspruch. Ziehen Sie sich dann an Ihren Kraftplatz zurück und besinnen Sie sich auf das symbolische Geschehen. Lassen Sie es in Gefühlen und Bildern in sich aufsteigen. Spüren Sie nach, wie Ihre eigenen Mondkräfte Lust und Freude, aber auch Streitlust und Zerstörungswillen in Ihnen wecken, wie das Licht der Nacht auch Sinnlichkeit und Schöpferlaune in Ihnen anregt. Sprechen Sie den Zauberspruch noch einmal eine Stunde vor und eine Stunde nach Mitternacht über dem Amulett.

Lassen Sie das Amulett bis zum Morgen unberührt auf dem Spiegel liegen. Heben Sie es dann mit einem weißen Tuch an und behauchen Sie es noch dreimal. Danach dürfen Sie es seiner Bestimmung zuführen. Sie besitzen nun ein wirklich starkes Amulett. Schonen Sie es und lassen Sie es möglichst nicht in fremde Hände gelangen, damit seine Kraft nicht durch unbedachten Kontakt verloren geht.

Diese intensive Mondweihe verlangt nach einem besonderen Amulett. Weihen Sie nur Amulette, die Ihnen vor allem persönlich etwas bedeuten, auf diese Weise. Hier drei Vorschläge für den praktischen Einsatz eines so geweihten Amuletts:

Magisches Wappen: Der Einfluss der Familie auf unser Tun und Lassen ist nicht immer von Segen. Manchmal wirkt er geradezu wie schwarze Magie, die nur die eine Absicht verfolgt: uns in Abhängigkeit zu halten und unsere persönliche Entwicklung zu bremsen. Selbstverständlich wehrt ein Amulett allein diesen Einfluss nicht ab, aber es kann Ihre eigenen Bemühungen, sich solchen Zumutungen zu widersetzen, unterstützen. Indem Sie Ihr eigenes Wappen als Amulett tragen, setzen Sie ein deutliches Zeichen gegen die Kontinuität und behaupten Ihre Unverletzlichkeit. Der Zauber des Amuletts bewirkt, dass die unterschwellig gegen Sie gerichteten negativen Kräfte Sie nicht mehr erreichen können. Gegen die greifbaren verbalen und schriftlichen Attacken müssen Sie sich allerdings selbst verwahren.

Schreckmasken: Unsere Wohnung ist eine Zufluchtsstätte, von der wir schlechte Schwingungen ebenso fern halten wollen wie Spitzbuben und böse Menschen. Hierbei hilft uns eine geweihte Schreckmaske, die wir in der Nähe des Eingangs mit Blick auf die Haustür platzieren. Eine solche Schreckmaske muss weder besonders groß noch schauerlich sein. Es genügt, dass wir sie selbst als abweisend empfinden. Sie muss auch nicht plastisch sein, eine Zeichnung oder ein Medaillon erfüllt denselben Zweck. Schreckmasken werden seit Menschengedenken in allen Kulturen eingesetzt. Hierzulande sehen wir sie oft an Kirchen und über den Eingängen alter Bürgerhäuser.

Äskulapnatter: Wir wissen, dass kein Amulett den Arzt ersetzt und dass das Amulett selbst keine Heilwirkung besitzt. In diesem Wissen können wir auf die Zauberkraft eines solchen Amuletts hoffen. Ein Medaillon in Gestalt einer Äskulapnatter wäre ein passendes Amulett zum Schutz vor Krankheit. In der Hausapotheke liegt es am richtigen Platz und lädt die Medikamente zusätzlich mit spiritueller Heilkraft auf.

Ein Opfer für den Schutzengel

In einer kritischen Situation meinte Vera zum ersten Mal, ihr Schutzengel habe sie verlassen. Kurz darauf gab es eine weitere Begebenheit, bei der sie auf die Inspiration durch ihren Schutzengel hoffte. Doch ihre

Schlagfertigkeit blieb aus und sie musste ins zweite Glied zurücktreten. Vera, die sich immer auf die Führung durch ihren Engel verlassen hatte, war darüber sehr beunruhigt. Hatte sie etwas falsch gemacht? Hatte sie ihren Engel gar verärgert?

Als sie ihrer Freundin davon berichtete, meinte diese nur knapp, ein Schutzengel verlasse einen nicht. »Aber es kann sein«, fügte sie hinzu, »dass er müde ist und du ihn wieder stärken musst. Lass dir also etwas einfallen.«

Vera dachte nach. Dabei spürte sie die Anwesenheit ihres Schutzengels wieder. Er hatte sie also nicht verlassen. Sie spürte aber auch, dass er in der Tat schwach geworden war. Zu lange hatte sie sich auf seine Kraft verlassen, nur selten hatte sie ihm gedankt und nie hatte sie ihm etwas zurückgegeben. Dieses Versäumnis wurde ihr bewusst, während sie nun über ihre Beziehung zu ihrem Engel nachdachte, und plötzlich sah sie deutlich, was zu tun war: Sie musste die geschenkte Kraft zurückgeben und so einen energetischen Ausgleich schaffen.

Als Erstes sprach Vera an ihrem Kraftplatz ein lautes Dankgebet zu ihrem Schutzengel, das sich zu einem echten Zwiegespräch entwickelte. Vera sprach von ihrer Nachlässigkeit und davon, dass sie ihm gern etwas zurückgeben würde. Zwischendurch schwieg sie und hörte auf ihr Herz, in dem die Stimme ihres Engels widerhallte. Vera spürte, dass die Kraft wieder zu fließen begann, und so wie sie ihr zufloss, lenkte sie sie wieder zurück. Dieser spürbare Fluss der Kraft beglückte sie, und sie wusste, dass er auch ihren Engel beglückte. Waren Vera und ihr Engel zuvor noch nebeneinander hergezogen, so wandelten sie nun Hand in Hand.

Da beschloss Vera, ihrem Engel ein Amulett zu weihen, damit der Ring der sich wechselseitig nährenden Kraft erhalten blieb. Nach kurzer Überlegung entschied sie sich für einen sehr klaren, in Gold gefassten Bergkristall mit einer winzigen Trübung in der Mitte. Diese Trübung kam ihr vor wie eine Seele, wie ein Hauch ihres Engels. Vera weihte das Amulett und stellte es an ihrem Kraftplatz auf. Von nun an war ihr Engel über dieses Amulett an all ihren Meditationen und Ritualen beteiligt.

Als sichtbares Zeichen ihrer Dankbarkeit brachte Vera ihrem Engel auch Opfergaben dar. Jeden Freitag stellte sie eine Blüte in einer Vase zu dem Amulett. Und wenn sie keine Zeit fand, eine Blüte zu besorgen, malte sie eine auf Karton und legte sie bis zum nächsten Freitag zu dem Amulett. Seitdem hatte Vera nie wieder das Gefühl, das Band zu ihrem Engel sei abgerissen.

Vielleicht haben Sie sich bei Veras Geschichte gefragt, wozu so ein Engelsgefühl gut sein soll. Manchem ist die Vorstellung eines Schutzengels zu naiv, weshalb er sie rundweg ablehnt. Doch wer so denkt, verkennt die Symbolsprache der Magie.

FÜHRUNG: Ein Schutzengel ist ein Aspekt einer höheren Macht respektive ein Ausdruck des magischen Raums. Dadurch dass wir durch Gefühle und Gedanken mit dem magischen Raum in Verbindung treten, schaffen wir in diesem Raum ein Gegenüber, das auf unsere Hinwendung reagiert: eine uns entsprechende Kraft in einer höheren Sphäre, durch die uns Führung zuteil wird. In diesem Sinne entspricht ein Engelsgefühl letztlich dem Empfinden dafür, dass wir auf unserem spirituellen Weg geführt werden. Wenn Sie dieses Gefühl haben, wissen Sie, dass Sie nicht mehr verloren gehen können.

BESCHEIDENHEIT: Stellen Sie keine unrealistisch hohen Erwartungen an die Kraft Ihres Engels. Zum einen zeugen solche Erwartungen von Missachtung der Engelskraft, zum anderen lassen sich überzogene Erwartungen nie erfüllen, denn: Wie immer Ihr Engel sich um Sie bemühen würde, er könnte Ihnen nicht genügen. Überhaupt sind hohe Erwartungen ein Hemmnis auf dem magischen Weg, denn sie lenken Ihren Blick vom Weg ab in die Ferne, und darüber vergisst man nur allzu leicht, sich selbst zu bewegen.

BESEELTER KRISTALL: Die kleine Trübung im Bergkristall wurde als Seele bezeichnet. Dies ist ein Merkmal, auf das Sie beim Erwerb von klaren Kristallen und Glaskugeln für den magischen Gebrauch achten sollten. Ein kleiner Einschluss im Stein oder ein feines Bläschen in der Kugel gilt nicht als Mangel. Vielmehr glaubt man seit jeher, dass solche Steine und Kugeln mehr Zauberkraft besitzen, weil ein Hauch des Schöpfergeistes in ihnen gebunden ist.

Ein Talisman für das zeitweilige Glück

Sophia lief mit zügigen Schritten durch die Landschaft, doch sie hatte keinen Blick für sie. Es schien ihr, als liefe sie auf ein Ziel zu, an dem ihre Sorgen von ihr abfallen und sie eine klare Lösung finden würde. Sie kannte dieses Gefühl und diese zügigen Wanderungen zur Genüge, sie waren beinahe ein Ritual für sie geworden. Manchmal gelang es ihr, ihren Sorgen auf diese Weise davonzulaufen. Doch diesmal war es anders. Die Sorgen hielten mit ihr Schritt. Sie verlangten nach einer Lösung. Es ging um ihre Arbeit und damit um ihre weitere Existenz, doch Sophia konnte sich für nichts entscheiden.

Am Fluss angekommen sprang sie über die Felsbrocken in seinem Bett hinüber zu der kleinen Insel, auf der sie manchmal rastete. Dort saß sie im Kies und starrte vor sich hin. Wie weit wollte sie noch laufen? Es war kindisch zu erwarten, dass man ihr irgendwo die Entscheidung

Ein Drudenstein vertreibt nicht nur schlechte Träume, sondern entlässt auch trübe Gedanken.

abnähme. Und doch hielten all die vernünftigen Einwände sie nur noch mehr davon ab, sich entschieden mit ihrem Problem zu befassen. Sophia war verzweifelt. Da veränderte sich mit einem Mal ihr Blick, und sie erkannte, worauf sie die ganze Zeit gestarrt hatte: ein schwarzer Kiesel mit einer kreisrunden Auswaschung in der Mitte – ein Drudenstein. Sophia kannte solche Steine aus dem Handel. Sie waren angefertigt, aber noch nie hatte sie einen echten Drudenstein gefunden.

Sophia hob den Stein auf. Er also hatte sie hierher gelockt, er wollte von ihr gefunden werden. Sie erinnerte sich, wofür ein Drudenstein gut war. Er würde Albträume auflösen und dunkle Geister vertreiben. Waren ihre Sorgen denn nicht auch dunkle Geister? Ja, sicher hatte sie den Stein deswegen finden sollen.

Sophia streckte sich auf dem Wiesenstück in der Mitte der Insel aus und legte sich den Stein auf ihr Drittes Auge. Zum ersten Mal an diesem Tag fand sie Ruhe. Sie lauschte dem Fluss, wie er ihre Insel umströmte, sah in die Wolken über sich und war entspannt wie schon lange nicht mehr. Ihre Sorgen entschwanden, wurden klein und unbedeutend, und Sophia sah, dass alles, was sie beschäftigt hatte, Schnee von gestern war. Ihre Gedanken versiegten und sie war nur noch die Insel, der rauschende Fluss und die Frau mit dem Stein auf der Stirn. Und gerade als sie einer kleinen weißen Wolke zusah, wie sie unter einer großen Wolke durchzog, war die Lösung da. Urplötzlich erkannte Sophia, wie sie das ganze komplizierte Problem lösen konnte. Sie sprang auf und eilte nach Hause.

Nun hatte sie eine große Aufgabe vor sich, denn die Lösung, die sie so schlagartig erfasst hatte, bestand aus vielen schwierigen Zwischenschritten mit weit reichenden Konsequenzen für die Sicherung ihrer Existenz. Der Drudenstein lag fortan als Glücks- und Gedankenstein auf Sophias Schreibtisch.

Tipps für Ihre Zauberpraxis: Einen echten Talisman finden Sie, indem Sie sich von ihm ansprechen lassen und auf seine Atmosphäre aufmerksam werden. Im Grunde kann jeder Gegenstand zu einem Talisman werden. Es kann auch ein Gegenstand sein, den Sie längst besitzen. Wichtig ist, dass Sie seine besondere magische Atmosphäre erkennen, die womöglich nur Sie allein anspricht. In diesem Sinne sind Talismane Zeichen aus der magischen Sphäre, die uns ganz individuell betreffen. Dies erklärt auch, warum ein Talisman in einer besonderen Situation zu uns kommt und genau die Kraft in sich trägt, die uns in diesem Moment von Nutzen ist. Er erklärt sich zudem selbst. Erkennen wir ihn, wissen wir intuitiv, wie wir mit dem gefundenen Talisman umgehen sollen.

Ein Talisman kann ein anhaltender Glücksbringer sein. Es kann aber auch sein, dass er seine Kraft verliert, sobald wir die Aufgabe gelöst haben, für die er uns vom Geschick zugespielt wurde. Das merken wir dann sehr schnell und deutlich daran, dass er seine besondere Aura verliert und wieder zu einem ganz normalen Gegenstand wird.

DRUDENSTEINE: Sophias Talisman war ein Drudenstein, der seine Kraft über die spezielle Aufgabe hinaus behielt. In der Volksmagie sind Drudensteine hoch geschätzte Objekte, die keineswegs nur als temporäre Talismane gelten. Das Loch in ihrer Mitte muss natürlichen Ursprungs sein, denn daher rührt die Zauberkraft des Steines. Viel Zeit musste vergehen, bis Wasser und Sand den Stein geöffnet haben und er zum Abbild eines Strudels wurde, der die reinigende Kraft des Wassers in sich bewahrt.

Ein Drudenstein auf dem Nachttisch oder unter dem Kopfkissen hilft gegen Albträume und koboldartige Geistwesen, die uns nachts bedrängen. Im Fenster aufgehängt klärt er die Atmosphäre, indem er schlechte Energien aus dem Zimmer durch sich hindurchfließen lässt und nach außen ableitet. An einem Band über die Wiege gehängt schützt der Drudenstein das Baby vor bösen Geistern, die es plagen könnten.

Ein Talisman für die Elektronik

Technische Errungenschaften werden gern als Sieg der Ratio über die Magie dargestellt. Dass dem nicht so ist, können Sie überall entdecken. Am Armaturenbrett vieler Autos haftet eine Christopherus-Medaille, am Rückspiegel baumeln Hexen und hinter der Heckscheibe liegen Herzen und andere Talismane.

Die Maschinen in allen möglichen Fabriken sind mit Maskottchen verziert, die darauf achten sollen, dass alles reibungslos funktioniert. Und wer darüber lächelt, sollte sich erinnern, wann er das letzte Mal mit seinem Computer gesprochen hat, weil dieser nicht so wollte wie sein Bediener.

Udo, ein mit mir befreundeter Informatiker, schwört auf einen Zauber, den ich Ihnen hier verraten will: Wenn Sie die Tastatur Ihres Computers im Zuge einer Neuanschaffung austauschen, sollten Sie die @-Taste abmontieren und auf Ihren neuen Computer kleben. Diese Taste, die mit dem Q verknüpft ist, soll nach Udos Beobachtung stabilisierend auf den Computer wirken. Jedenfalls meint er, mit dem Q und dem @ träfen sich eine Quelle und ihre Mündung und dies sei ein Zeichen für den Zauber störungsfreier Verbundenheit. Das @-Zeichen, die so genannte Affenschaukel, sei aufgrund seiner Symbolik eine eindeutige Adresse. So eindeutig, wie die Mündung eines Flusses die Zieladresse jeder Quelle sei – eine klare logische Schleife. Deshalb wirke diese Taste stabilisierend auf die Elektronik des Computers. Was immer Sie davon halten mögen: Seit Udo jeweils eine @-Taste auf seine Computer geklebt hat, laufen diese viel stabiler als zuvor.

Baumzauber

Die drei Linden standen sehr eng zusammen und umschlossen einen kleinen Raum, der wie eine von mildem Licht durchflutete Kapelle wirkte. Lorenz hatte diese Baumgruppe bei einem Spaziergang unweit seines Hauses entdeckt. Sie befand sich auf einer Lichtung etwas abseits vom Weg, weshalb sie nur selten von Menschen aufgesucht wurde. Als er sie zum ersten Mal sah, ging es ihm nicht gut. Er war traurig und mutlos, denn seine langjährige Freundin hatte ihn gerade verlassen und beruflich lief auch einiges nicht mehr nach Plan. Lorenz ging auf die Baumgruppe zu, weil er dachte, dies sei ein idealer Platz, um ein Baumhaus für Kinder zu errichten.

Er trat zwischen die Bäume und war augenblicklich in einer anderen Welt. Der ferne Lärm der Stadt verblasste und seine gedrückte Stimmung verflog. Lorenz wurde ganz ruhig. Er spürte, dass die drei Bäume diesen Raum in ihrer Mitte ausgespart hatten, damit die ungewöhnliche Kraft, die ihn erfasste, frei fließen konnte. Es war ihm, als ströme die Kraft vom Himmel und aus der Erde und sammle sich in ihm. Gleichzeitig kam es ihm vor, als schwebe er. So mächtig zerrte die Energie an ihm. Es war zweifelsfrei eine positive Kraft, die ihn da erfasste. Ihm wurde warm und das Licht zwischen den Bäumen glomm golden. Lorenz hatte plötzlich das Gefühl, ganz in Gold getaucht zu sein. Mit diesem Eindruck veränderte sich auch die Kraft. Sie floss nun gleichmäßig durch ihn hindurch vom Boden zum Himmel und vom Himmel zurück zur Erde. Lorenz fühle sich wie ein Gefäß. Die Kraft strömte durch ihn und floss in ihm über.

Eine ganze Weile stand Lorenz so zwischen den Bäumen. Dann bewegte er sich wieder, strich über die Baumstämme, berührte die Erde, flüsterte den drei Linden seinen Dank zu und verließ den Platz wieder. Er hatte nun genügend Kraft, sich den auf ihn zukommenden Veränderungen erhobenen Hauptes zu stellen. Seitdem sucht er diesen Kraftplatz regelmäßig auf, vor allem wenn es ihm gut geht. Denn dann fließt ihm die Energie der Bäume in besonderer Weise zu – dichter und anhaltender. Alles, was er nach einem solchen Besuch anfängt, geht ihm leichter von der Hand und zeitigt bessere Ergebnisse.

Bäume sind starke und ruhige Wesen. Sie sind weise, weil sie die Welt von einem Platz aus bis in ihren letzten Winkel erkunden. Sie wissen um das Dunkle, in dem sie wurzeln, und um das Licht, das sie bescheint. Sie sind eingebettet in den großen, alles verbindenden Raum. Sie wissen um den magischen Raum und sind Teil seiner Zaubermacht. Berühren wir einen Baum, berühren wir auch diese Kraft.

Lauschen: Wer es versteht, einem Baum zu lauschen, kann in die Zukunft hören. Setzen Sie sich unter einen Baum und schweigen Sie eine Weile mit ihm. Wenn Sie Glück haben, hören Sie die Stimme des Baumes aus dem Lispeln und Rauschen seiner Blätter. Sprechen Sie dann mit dem Baum und befragen Sie ihn. Er wird Ihnen Antworten geben – und Kraft. Vergessen Sie nicht, sich bei dem Baum zu bedanken, bevor Sie ihn wieder verlassen.

Kontakt mit Verstorbenen herstellen: Bäume reichen mit ihren Wurzeln bis ins Grab. Deshalb können Sie über einen Baum Kontakt mit den Seelen kürzlich Verstorbener aufnehmen. Ein Friedhof ist der geeignete Ort hierfür. Auch hier lauschen Sie auf den Baum und fragen ihn nach dem Verstorbenen. Antwortet der Baum, so dürfen Sie mit der verstorbenen Seele in Verbindung treten und ihr eine Nachricht übermitteln. Meist suchen wir das Gespräch mit dem Verstorbenen, weil wir Abschiedsworte sagen und Verzeihen erbitten oder gewähren wollen.

Kraft tanken: Grundsätzlich ist ein Baum ein besonders starker Kraftplatz, der Ihrem Zauber besondere Dichte und Wirksamkeit verleiht. Auf der Suche nach einem solchen Kraftplatz sollten Sie sich von einem Baum ansprechen lassen. Beim aufmerksamen Wandern durch die Landschaft mag Ihnen der eine oder andere Baum auffallen. Wenn Sie darunter ein intensives Kraftfeld spüren, sind Sie Ihrem Ziel womöglich nahe. Setzen Sie sich hin und meditieren sie mit dem Baum. Danach wissen Sie, ob Sie einen für Sie geeigneten Kraftplatz gefunden haben. Besuchen Sie Ihren einmal ausgewählten Baum öfters. Lehnen Sie sich an seinen Stamm, betasten Sie seine Rinde, sprechen Sie mit ihm und hören Sie ihm zu. Dieser Baum wird Sie auch im Falle einer Krankheit stärken. Nehmen Sie im Herbst ein buntes Blatt Ihres Baumes mit nach Hause und pressen Sie es. Damit können Sie jederzeit eine direkte Verbindung zu seiner Kraft herstellen.

Zauberbesen: Aus ein paar Zweigen Ihres Baumes können Sie einen Zauberbesen binden. Ein solcher Besen trägt Sie nicht nur in andere Sphären, wenn Sie ihn während der Meditation vor sich liegen haben. Er dient vor allem auch dazu, schlechte Energien wegzukehren und missliche Geschehnisse mit einem Besenstrich zu beenden. Sprechen Sie das Übel laut an und fegen Sie es gleichzeitig mit Schwung vom Tisch. Sie werden schnell spüren, wie das Schlechte daraufhin an Kraft verliert und sich aus Ihren Gedanken löst.

Dadurch dass Sie den Besen in der Nähe des Hauseingangs aufbewahren, halten Sie schlechte Geister fern. Indem Sie symbolisch hinter einem Besucher herfegen, kehren Sie auch dessen Energien fort und bewahren so den Frieden in Ihrem Haus.

Im Heilzauber ist ein Zauberbesen ein wirksames Instrument, mit dem man die Krankheit abstreifen kann. Wenn Sie beispielsweise mit ihm über eine Wunde kehren, wird diese rasch verheilen. Der Besen hilft auch bei der mentalen Reinigung nach dem Kontakt mit unangenehmen Menschen. Indem Sie mit dem Besen über Ihre Hände fegen, lösen Sie die schlechten Anhaftungen.

Erneuern Sie den Besen alljährlich im Dezember mit Herbstreisig von Ihrem Baum und verbrennen Sie den alten Besen. Die Asche können Sie als magisches Reinigungs- und Abwehrmittel verwenden: Sie bestreuen den Gegenstand, den Sie von Anhaftungen befreien wollen, mit der Asche und blasen diese dann in den Wind. Indem Sie Ihre Stirn mit Asche bestreichen, können Sie Dämonen vor Ihren Kreis zwingen und ihnen befehlen, Ihre Kreise nie mehr zu kreuzen. Denn mit der Asche haben Sie gewissermaßen einen magischen Helm angelegt und sind somit sicher behütet. Schließlich eignet sich die Asche des Zauberbesens auch gut zur Besiegelung eines schriftlichen Zaubers. Dazu bestäuben Sie Ihren Daumen mit Asche und setzen einen Abdruck unter den fixierten Zauberspruch.

Den Haussegen bewahren

Bevor Regine und Heiko ihr neues Heim bezogen, waren sie einen ganzen Tag damit beschäftigt, es magisch zu reinigen, einzuweihen und Schutzzeichen anzubringen. Als Erstes streuten sie in jede Zimmerecke eine reichliche Prise Salz und kehrten anschließend die Räume aus. Danach führten sie eine ausgiebige Räucherung mit Wacholder durch, wobei sie die qualmende Räucherschale durch alle Räume trugen. In den Ecken zogen sie mit der Räucherschale Kreuzzeichen. Dann öffneten sie alle Fenster und ließen mögliche schlechte Energien mit dem Rauch hinauswehen. Nach einer Stunde wiederholten sie das Ganze, doch jetzt blieben die Fenster geschlossen, auf dass die guten Kräfte dauerhaft installiert würden. Anschließend richteten sie den Herrgotts-

Schwellenzauber mit Cabame, Schmuckkranz und abweisendem Fußabstreifer

winkel ein. Das Kreuz und die Kerze wurden ins Haus getragen und am künftigen Kraftplatz aufgehängt. Sie zündeten die Kerze an und sprachen gemeinsam den Haussegen des 128. Psalms:

Ein Wallfahrtslied. Wohl jedem, der den Herrn fürchtet und in seinen Wegen wandelt! Du wirst dich nähren von deiner Hände Arbeit; wohl dir, du hast es gut! Dein Weib ist wie ein fruchtbarer Weinstock im Innern deines Hauses, deine Kinder wie junge Ölbäume rings um deinen Tisch. Siehe, so wird der Mann gesegnet, der den Herrn fürchtet! Der Herr segne dich aus Zion, dass du das Glück Jerusalems sehest alle Tage deines Lebens und sehest die Kinder deiner Kinder! Friede über Israel!

Anschließend schrieben sie noch den schlichten Haussegen »Gott schütze dieses Haus und alle die da gehen ein und aus« auf ein weißes Papier. Das falteten sie, versiegelten es mit Siegellack, den sie über der Kerze des Herrgottswinkels erhitzten, und versteckten es im Dachstuhl.

Schließlich schrieb Heiko mit Kreide C + M + B an die Haustür. Am Dreikönigstag würde er dieses Zeichen von den Sternsingern erneuern lassen. Zu guter Letzt zogen beide mit Kreide einen Kreis im Wohnzimmer und legten den Hausschlüssel als Tür auf ihm ab. Im Kreis schnitten sie eine Scheibe von einem Laib Brot, streuten Salz darauf und aßen sie. Dann riefen sie laut: »Wir sind eins! Wir sind hier! Möge der gute Geist des Hauses von unserem Geist sein. Wir sind eins! Wir sind hier!« Dazu klopften sie dreimal kräftig auf den Boden. Damit war ihre magische Einweihung beendet. Regine hob den Hausschlüssel auf und Heiko verwischte den Kreis. Nachdem sie eingezogen waren, legte Heiko noch eine Hand voll Münzen auf dem Schlafzimmerschrank ab, damit ihnen im neuen Heim das Geld nie ausgehen würde.

Regine und Heiko haben praktisch alle magischen Mittel eingesetzt, die sie kannten. Dadurch wirkt der Zauber überfrachtet, und es entsteht der Eindruck, als hätten die beiden keine Möglichkeit auslassen wollen, weil sie den einzelnen Schutzritualen nicht genug vertrauten.

»Weniger ist mehr« gilt grundsätzlich auch in der Magie. Ein ernsthaft begangenes Ritual genügt meist für einen gelungenen Schutzzauber. Gelegentlich mag es zwar angebracht sein, zwei oder mehr Zauberpraktiken miteinander zu verknüpfen, aber dann sollten sich die einzelnen Zauberpraktiken ergänzen und aufeinander abgestimmt sein. Den Zauber nur wiederholende Variationen sollten Sie vermeiden, denn sie verwässern die anfangs hervorgerufene Energie nur.

Mangelndes Zutrauen in einen Zauber kann nicht durch vermehrten Zauber ausgeglichen werden.

Klärendes Salz: Salz ist ein starkes magisches Bindemittel. Eine Prise Salz genügt, um schlechte Energien einzufangen. Haben Sie zum Beispiel das Gefühl, dass sich eine ungute Kraft Ihnen nähern will, müssen Sie nur ein paar Salzkörner in die vermutete Richtung werfen, und die Gefahr ist gebannt. Binden und Bannen bezwecken Sie auch, wenn Sie eine Prise Salz in die Räucherschale streuen. Das Ungute wird mit dem Salz gebunden und mit dem Rauch aufgelöst.

Brot und Salz: Das Verspeisen von Brot und Salz im Kreis ist ein gleichnishafter Zauber. Er beschwört die Eintracht und verbannt die materielle Not aus dem Haus. Brot und Salz sind auch rituelle Gaben, die man jemandem macht, der eine neue

Wohnung bezogen hat, damit beides nie ausgeht und das Glück im Haus bleibt. Aus dem gleichen Grund sollten Sie darauf achten, dass Ihnen das Salz niemals ausgeht, denn dies wäre ein Omen für materielle Not.

KRAFTPLATZ EINRICHTEN: Für die Einrichtung eines Kraftplatzes (hier des Herrgottswinkels) werden Gegenstände bevorzugt, die bereits von sich aus über schützende Zaubermacht verfügen. Wählen Sie Gegenstände und Symbole, die für Sie von spiritueller Bedeutung sind.

HAUSSEGEN: Es bleibt Ihnen überlassen, welchen Spruch Sie als Haussegen wählen. Sie können zum Beispiel auf ein kunstgewerbliches Amulett mit entsprechenden Segenswünschen zurückgreifen. Nachdrücklicher, weil von Ihrer Hand, wirkt der geschriebene Segensspruch. Das selbst geschriebene Amulett sollte versiegelt werden. Wenn Sie keinen Siegellack haben, sollten Sie den Haussegen wenigstens verschnüren, damit er nicht entwertet werden kann. Er wirkt zudem in sich und bildet ein entsprechendes Kraftfeld. Darum sollte er möglichst im Dachstuhl oder bei einer Wohnung in einer Lampenabdeckung verwahrt werden. So kann sich der Segen über den gesamten Wohnbereich verteilen.

HAUSGEISTER: Ein Hausgeist kommt in der Regel auf einen zu. Es sind Elben oder Kobolde und somit zwiespältige Wesen. Einerseits schützen sie das Haus, in dem sie wohnen, andererseits treiben sie so manchen Schabernack mit den Bewohnern. Zum Beispiel verstecken sie gern Gegenstände. Sie wollen gefüttert werden, und zwar am liebsten mit Milch, an der sie besondere Freude haben, wenn sie sie stibitzen können. Wenn Sie die Milch also wie unbeabsichtigt stehen lassen, bereiten sie Ihrem Hausgeist ein besonderes Vergnügen. Hausgeister haben auch Namen, die sie nur ihren Mitbewohnern verraten.

Regine und Heiko haben ihren Hausgeist durch Klopfen gelockt und mit dem Klopfen dafür gesorgt, dass sie einen Geist ansprechen, der auf ihrer Wellenlänge liegt.

SCHWELLENZAUBER: Der Schwellenzauber soll verhindern, dass schlechte Energien ins Haus getragen werden. Den Türstock mit einer Cabame – so nennt man das Zeichen C+M+B – zu beschriften ist ein weit verbreiteter Brauch. Die Cabame wird jedes Jahr am Dreikönigstag erneuert. Deshalb werden die Buchstaben auch mit den Namen der Heiligen Drei Könige, Kaspar, Melchior und Balthasar, in Verbindung gebracht. Die Kirche liest sie aber lieber als Abkürzung des Segenswunsches »Christus mansionem benedicat«. Das bedeutet: »Christus segne dieses Haus.«

Die Schwelle selbst wird ebenfalls in den Zauber einbezogen. Dies kann ein Fußabstreifer mit Glücksymbolen sein oder mit einem vom Haus abgewandten Bild, das die Geister nicht überwinden können. Beim Hausbau werden abwehrende und Glück bringende Amulette unter der Schwelle vergraben, etwa ein eisernes Kreuz und eine Münze. Ein neben die Schwelle gepflanzter Haselstrauch oder eine Rose verbannen alle üblen Kräfte.

DIEBE FERN HALTEN: Ein eingerichteter Haussegen hält auch Diebe vom Haus fern. Wagt sich ein Dieb dennoch über die

Schwelle, soll er das Gestohlene entweder reumütig zurückbringen oder aber dadurch erwischt werden, dass sein schlechtes Gewissen ihn verrät. Da es allerdings selten vorkommt, dass ein Dieb gestohlenes Gut zurückbringt, soll es ihm zur Last werden und er soll keine Freude daran haben. Drei in ein Brett geschlagene Nägel sollen den Dieb festhalten, damit er dem Zauber nicht entkommt. Dazu sagt man:

Dieb, was du mir gestohlen hast,
Soll dich hemmen und beschweren.
Willst du dich diesem Bann erwehren,
Bring es zurück und lös dich aus der Last.

Dann wird das Brett vergraben. Sollte der Dieb das Gestohlene tatsächlich zurückgeben, wird das Brett wieder ausgegraben und die Nägel werden herausgezogen. Ansonsten wird der Dieb an der Last des Gestohlenen zu tragen haben, bis das Brett verfault ist und die Nägel lose im Erdreich liegen.

▶ Die Magie des Räucherns

Rauch entstammt dem reinigenden Feuer, weswegen er als vollkommen rein gilt. Er löst schlechte Anhaftungen, nimmt sie auf und trägt sie davon. Der Rauch wird aber auch als Opfer an die guten Geister verstanden, die sich mit ihm verbinden und ihre positive Kraft verbreiten. Indem Sie in Ihrer Wohnung räuchern, klären Sie die Atmosphäre spürbar und erneuern gleichzeitig den installierten Schutzzauber. Es empfiehlt sich, die Wohnung wenigstens einmal in einem Vierteljahr auch rituell zu räuchern, um energetische Verschmutzungen zu lösen und negative Energien wirksam abzuweisen.

Dieses reinigende rituelle Räuchern wird mit Weihrauch in einer Räucherschale durchgeführt, wobei der Weihrauch in der Räucherschale auf Holzkohle verbrannt wird. Alle Utensilien hierfür gibt es im Fachhandel, beispielsweise in esoterischen Läden oder im kirchlichen Devotionalienhandel.

Beim Räuchern sollten alle vier Elemente zusammenwirken, damit der Rauch einen in sich geschlossenen heilen Impuls mit sich trägt. Feuer, Luft und Erde sind durch die Materialien bereits gegenwärtig. Das fehlende Element Wasser wird durch das Sandbett repräsentiert, in das Sie einen Löffel Meersalz geben. Als Sand für das Sandbett empfiehlt sich grobkörniger Aquariumssand aus einer Zoohandlung oder farbiges Keramikgranulat. Hier sollten Zartblau oder Grün bevorzugt werden, denn dies sind milde Farben, die Hoffnungen und Wünsche stützen.

Mit dem rituellen Räuchern Ihrer Wohnung beginnen Sie an der Eingangstür. Von dort bewegen Sie sich mit Ihrer Räucherschale von Raum zu Raum. Wenn Sie ein Zimmer betreten, begeben Sie sich zunächst in die Mitte des Raumes und heben die Räucherschale dreimal in jede Himmelsrichtung. Dazu sagen Sie folgenden Zauberspruch:

Wehe, wehe, schierer Zauberduft,
Zieh herbei aus Himmelssphären,
Mische dich zu reiner Luft,
Wehe um den Raum zu klären.

Danach schreiten Sie die Wände ab und heben die Räucherschale in jeder Zimmerecke dreimal an. Abschließend gehen Sie in die Mitte des Raumes zurück und heben die Räucherschale dreimal in Richtung Fenster. Nach dem Räuchern lüften Sie die Räume. Später zünden Sie im Eingang noch einmal Räucherwerk an und lassen den Rauch von dort aus durch alle Räume ziehen. So zeichnet der Duft den guten Geistern den Weg durch Ihr Haus vor.

Für einen Schutzzauber besonders geeignete Düfte

Weihrauch: Weihrauch wird seit der Antike als magisches Räuchermittel eingesetzt, aber auch als Opfergabe dargebracht. Weihrauch vertreibt die bösen Geister und zieht gute Energien herbei. Er ist also nicht nur bannend, sondern auch aktiv schützend. Man kann sich also, wenn es denn sein muss, mit Weihrauchkörnern in der Tasche auch unangenehmen Menschen stellen, ohne von deren bösem Hauch erfasst zu werden.

Myrrhe: Auch Myrrhe wird seit dem Altertum als magisches Räucherwerk gebraucht. Die drei Magier schenkten dem neugeborenen Heiland Gold, Weihrauch und Myrrhe – drei hochwirksame Mittel gegen böse Geister und Dämonen. Myrrhe war auch ein Bestandteil der altägyptischen Balsamierharze, weil sie dem Menschen selbst in den dunkelsten Sphären sicheren Schutz gewährt. Beim Räuchern im Haus wird sie vor allem zur Abwehr aktiver Geister, etwas von Poltergeistern, eingesetzt.

Wacholder: Der immergrüne Strauch ist ein Symbol der Fruchtbarkeit und des Lebens. Die Wacholderbeere ist bereits in magischer Weise gezeichnet, denn am Stielansatz zeigt sie ein Hexagramm und als Stempel ein kleines Kreuz. Wacholderduft vertreibt die bösen Geister. Zudem gilt Wacholderrauch als Gesundzauber, der Krankheiten vertreibt. Im Mittelalter bannte man damit die Pest. Ein Sud von Wacholderbeeren stärkt die Wahrsagekraft. Beim Hausbau wird Wacholderholz unter den Grundstein gelegt.

Drachenblut: Drachenblut ist wie Weihrauch eine Mischung aus dem Harz dreier verschiedener Bäume. Es ist blutrot und als Heilmittel bekannt. Beispielsweise stillt es Blutungen, schließt Wunden und wird gegen Hautkrankheiten eingesetzt. Als Räucherwerk ist es lediglich ein Zusatz, da es einen sehr bitteren Duft besitzt. Dem Weihrauch wird es beigemengt, wenn es darum geht, besonders stark verankerte negative Kräfte zu lösen. Auch in Fällen von echter Besessenheit wird mit Drachenblut geräuchert.

Mandelbaumharz: Dieser angenehme Duft ist in vielen Räuchermischungen enthalten. Seit der Antike wird er im Gesundzauber eingesetzt. Mandelbaumharz soll bei regelmäßiger Anwendung die Gesundheit stärken und Krankheiten fern halten. Außerdem stimmt es milde und macht gefällig, weswegen es gern im Liebeszauber verwendet wird.

Sandelholz: Dieses Räucherwerk stammt von verschiedenen Bäumen. Wegen seines unaufdringlich angenehmen Duftes wird es gern zur alltäglichen Räucherung verwendet. Es ist ein mildes Abwehrmittel und hält einmal geklärte Räume rein. Außerdem löst es Verstimmungen und hebt das Gemüt. Den Sensitiven inspiriert es zu seiner intuitiven Schau.

Zedernholz: Zedernholz ist ein mildes Abwehrmittel für den täglichen Gebrauch. Zum Beispiel verbannt es die Motten aus dem Kleiderschrank. Als Räucherwerk ist es jedoch meistens nur eine Beigabe. Sein Rauch wirkt gegen schlechte Träume und vertreibt den Alb. Es stärkt den Mutigen und fördert die spirituelle Schau.

Dem Bösen die Stirn bieten

»Helfen Sie mir, mein Sohn ist besessen.« Mit diesem Satz hatte Elvira ihre längere Schilderung beendet. Es war nicht die übliche Rede einer Mutter, die darüber klagt, dass ihr Kind sich abnabelt und eigene Wege gehen will. Elvira hatte diesen letzten Satz eher geflüstert, fast als fürchte sie, für überspannt gehalten zu werden. Zugleich sprach sie ihn mit tiefem Ernst, sodass der Magier die wahre Begegnung mit dem Dämon dahinter erahnen konnte.

Ein Test überzeugte ihn vollends. Als Elvira wieder zu Hause war, rief sie ihn im Beisein ihres Sohnes an. Der Magier sprach ein Gebet ins Telefon. Würde der Sohn darauf reagieren, obwohl er nicht mithören konnte? Er reagierte sofort, indem er den Stecker aus der Telefonbuchse riss.

Der Magier reagierte seinerseits. An seinem Kraftplatz zog er einen Zauberkreis und besann sich auf Elviras Sohn. Alsbald hatte er sein Bild vor seinem geistigen Auge. Er fixierte es. Das Bild nahm zunehmend Gestalt an, und je lebendiger es wurde, desto deutlicher zeigte sich eine zweite Gestalt darin. Der Magier blickte nun in das Gesicht eines leidenden Mannes. Er sprach ihn direkt an und forderte ihn auf, seinen Namen zu nennen. Gleichzeitig nahm er einen bereitgelegten Bleistift in die Hand und setzte ihn auf den Bogen Papier. Das Geistwesen bewegte die Lippen und der Magier begann zu schreiben. Der Name des Geistes war Horst.

Der Magier behielt die Erscheinung weiterhin starr im Auge. Er schwieg eine Weile, bevor er sie mit ihrem Namen ansprach. Er fragte

Horst, warum er Elviras Sohn verfolgte. Horst antwortete unhörbar, aber der Magier verstand: Er suchte Elviras Nähe, und die fand er über ihren Sohn. Der Magier sagte: »Du bist nicht mehr von dieser Welt. Deine Aufgabe ist eine andere. Erfülle sie. Gib Elvira auf. Gib ihren Sohn auf. Weiche aus ihren Leben.« Horst rührte sich nicht. Er stand unbewegt, fixiert vom Blick des Magiers. Dann sah es aus, als würde der Geist weinen. Und der Magier bot ihm an, ihn aus seinem Zwischenreich zu lösen, falls er verspräche, die beiden fortan in Frieden zu lassen. Horst nickte. Der Blick des Magiers wurde milder und die Erscheinung löste sich auf.

Später berichtete Elvira, ihr Sohn sei, nachdem er den Stecker des Telefons gezogen hatte, sehr unruhig gewesen. Er hatte aus dem Haus fliehen wollen, doch irgendetwas schien ihn gehalten zu haben. Also war er den Gang entlanggelaufen, vor die Haustür, um das Haus herum und wieder hinein. Doch mit einem Mal war er ruhiger geworden, hatte sich gesetzt, den Kopf auf den Tisch gelegt und war eingeschlafen. Etwa eine Viertelstunde später wachte er auf und war wie ausgewechselt. Die ganze finstere Kälte, die er seiner Mutter gegenüber so oft an den Tag gelegt hatte, war verschwunden.

Als der Magier Elvira nach Horst fragte, erzählte sie ihm die Geschichte einer betrüblichen Liebschaft. Horst war eine Zeit lang Elviras Freund gewesen. Er hatte sie sehr geliebt. Doch er trank. Deswegen hatte Elvira ihn verlassen. Damit war Horst nicht klargekommen. Er hatte Elvira verflucht und verfolgt und war dafür ins Gefängnis gekommen. Schließlich hatte er sich zu Tode getrunken. Er war ohne Einsicht gestorben. Aus seiner Sicht war Elvira an seinem ganzen Unglück schuld.

Der Magier führte daraufhin ein Trennungsritual mit Elvira durch, in dessen Verlauf sie eine dünne Strähne aus sieben Haaren mit einem Zaubermesser durchtrennte. Außerdem richtete sie deutliche Worte an Horst und machte ihm klar, dass er sein Leid nur verlängerte, indem er ihr verhaftet blieb. Sie forderte ihn auf sich zu entfernen und wies ihn mit dem Zaubermesser an, nach Westen zu entschwinden. Anschließend räucherte Elvira ihre Wohnung noch sieben Tage lang mit Weihrauch und Drachenblut, um dem Zauber Bestand zu verleihen.

TIPPS FÜR IHRE ZAUBERPRAXIS: Sehr selten sind Besessene von echten Dämonen besessen. In den meisten Fällen handelt es sich um Energien, die aus der Umgebung der Betroffenen stammen und die diese aufnehmen und als eigenständige Kräfte in sich agieren lassen. Es sind für gewöhnlich hoch sensitive Menschen, denen so etwas geschieht.

Von Bedeutung für den Abwehrzauber bleibt, ob es sich wirklich um eine eigenständige Kraft handelt, die sich mit einer Seele verbunden hat, um von deren Kraft zu zehren oder sie zu beherrschen. Handelt es sich nämlich nur um eine Verschattung oder Bedrängung durch negative Energien, ist der hier skizzierte Zauber nicht angebracht und sogar potenziell gefährlich. Deshalb ist die sorgfältige Prüfung des Phänomens von besonderer Bedeutung.

PRÜFENDES GEBET: Im beispielgebenden Fall hatte der Magier ein Gebet gesprochen. Dies ist ein recht zuverlässiger Test zur Überprüfung einer Besessenheit, wenn das Gebet für den Betroffenen unhörbar bleibt. Hält er sich also ebenfalls im Zimmer auf, sprechen Sie das Gebet in Gedanken. Reagiert der Betroffene mit Aggression oder auffälliger Ablenkung, können Sie von einem akuten Fall ausgehen. Andere Hilfsmittel sind die Befragung der Situation mithilfe eines Pendels, das Legen von Tarotkarten oder die Imagination, wie sie der Magier in seinem Zauberkreis vollführte.

Das Übel beim Namen nennen: Den Abwehrzauber selbst können Sie wie im Beispiel skizziert an Ihrem Kraftplatz durchführen. Wesentlich ist, dass Sie das Übel mit seinem Namen ansprechen, denn dann kann es Ihnen nicht mehr entweichen. Seinen Namen muss es Ihnen verraten, sobald es dank Ihrer Imaginationskraft für Sie sichtbar wird. Wenn die Erscheinung Ihnen das Versprechen gibt, sich von seinem Opfer zu lösen, ist der Spuk auch schon vorbei. In den wenigsten Fällen müssen Sie einen Geist dazu zwingen. Die meisten Erscheinungen reagieren auf Bitten. Das liegt wohl

Schwarzer Spiegel und Zaubermesser, zwei magische Mittel, mit denen Sie dämonische Energien dauerhaft bannen können

daran, dass sie selbst unter dieser Existenz leiden und sich nach Erlösung sehnen.

Schwarzer Spiegel: Sollte sich eine Erscheinung nicht lösen wollen, müssen Sie sie mithilfe Ihrer Zauberkraft dazu zwingen. Halten Sie einen schwarzen Spiegel bereit. Damit ist ein kreisrund ausgeschnittener schwarzer Karton gemeint. Imaginieren Sie die dämonische Kraft und fixieren Sie ihre Erscheinung mit festem Blick, bis sie gänzlich unbeweglich wird. Führen Sie daraufhin mit einem magischen Messer einen Schnitt; eine entschiedene Geste wirkt gleichermaßen. Mit der nächsten Bewegung halten Sie der Erscheinung den schwarzen Spiegel vor. Sie wird sich sofort in ihm verlieren, denn er wirkt anziehend und bindend wie ein schwarzes Loch. Rollen Sie den Spiegel zusammen und binden Sie ihn mit einer weißen Schnur, die Sie dreimal verknoten. Danach vergraben Sie den Spiegel, und das Übel verrottet mit ihm.

Nachfolgenden Bannspruch sagen Sie dreimal, um die üble Kraft zu fixieren und zur Auflösung zu zwingen: das erste Mal, wenn Sie ihr den Spiegel vorhalten, das zweite Mal, wenn Sie die drei Knoten schlingen, und ein drittes Mal, sobald Sie den Spiegel vergraben haben.

Im düstern Spiegel strahlt diese arge Kraft,
Verdrängt mit ihrem Bild sein letztes Licht.
Gottloses Dunkel verblutet so in kühler Erde Haft,
Verhaucht zu tiefer Nacht, die sich vorm Tag verkriecht.

Manche Magier arbeiten mit schwarzen Spiegeln aus Onyx oder Japanlack, die in Silber gefasst sind. Hat ein Magier eine dämonische Kraft mit einem solchen Spiegel fixiert, so bannt er sie, indem er den Spiegel mit dem Gesicht auf ein schwarzes Papier legt. Die Kraft geht aus dem Spiegel auf das Papier über und kann gefesselt werden.

ANGRIFFE ABWEHREN: Diese dauerhaften magischen Spiegel können auch genutzt werden, um schlechte Energien auf ihre Verursacher zurückzulenken. Sobald Sie einen Angriff spüren, halten Sie den Spiegel in die Richtung, in der Sie den Verursacher vermuten. Oder Sie schreiben den Namen des Verursachers mit Zeichenkohle in Spiegelschrift auf den Spiegel und lenken seine bösen Energien so auf ihn zurück. Diese Methode empfiehlt sich vor allem bei der Installation eines länger währenden Schutzes.

ZAUBERMESSER: Das erwähnte Zaubermesser kann ein beliebiges Messer sein. Empfehlenswert ist jedoch ein silbernes Messer, weil Silber von Natur aus das Böse abwehrt. In jedem Fall sollten Sie Ihr Messer geweiht haben, sodass es mit Zauberkraft beschwert ist. Erfahrene Magier arbeiten statt mit einem Messer mit betonten Gesten.

▶ EIN SCHUTZBRIEF FÜR SICHERES GELEIT

Wenn Sie den Eindruck haben, dass Sie oft gegen hemmende Kräfte ankämpfen, ist es womöglich an der Zeit, dass Sie sich selbst einen Schutzbrief ausstellen. Ziehen Sie sich dazu an Ihren Kraftplatz zurück. Schreiben Sie das Dokument an sich selbst mit Tinte auf ein weißes Blatt. Der Text könnte lauten: »Hiermit stelle ich .... (*Ihr Name*) einen magischen Schutzbrief aus. Er soll ihm/ihr fortan Glück bringen und alles Üble abwehren. Besonders sollen mit diesem Brief alle hemmenden Kräfte aufgelöst und zurückgewiesen werden.« Unterzeichnen Sie den Brief. Ihre Unterschrift fassen Sie mit zwei Kreuzen ein und bekrönen sie mit einem weiteren Kreuz. Es sind die drei magischen Kreuze, die jede Zauberkraft bezeugen.

Sobald man in Ihrer Umgebung weiß, dass Sie Zauberkraft besitzen, wird man Sie ab und an um magische Hilfe bitten. Ein von Ihnen ausgestellter und besiegelter magischer Schutzbrief kann eine dauerhafte Lösung für ein durch schlechte Energien verursachtes Problem sein. Gehen Sie allerdings sparsam mit solchen Schutzbriefen um. Stellen Sie erst einen Schutzbrief aus, wenn Sie sich selbst von einer negativen Einwirkung überzeugen konnten. Zudem sollte derjenige, für den Sie einen magischen Schutzbrief ausfertigen, den Wert eines solchen Schutzes ermessen können. Andernfalls vergeuden Sie nur wertvolle magische Energie.

Den bösen Geistern das Fürchten lehren

Die Frage, was ein böser Geist ist, müssen Sie nicht endgültig beantworten können. Sie werden es wissen, sobald Sie einem schlechten Menschen begegnen oder einer negativen Kraft ausgesetzt sind. Der böse Geist, der Ihnen das Leben schwer macht, ist höchst selten eine eigenständige Kraft, sondern meist die negative Energie eines Menschen. Es sind seine bösen Gedanken, seine aggressiven Nachstellungen, seine schlechten Wünsche und alltäglichen Gemeinheiten, die diesen bösen Geist formen.

Herbert war Lonis Geschäftspartner gewesen. Als Loni merkte, dass er Gelder veruntreut hatte, trennte sie sich von ihm. Sie wollte ihn jedoch

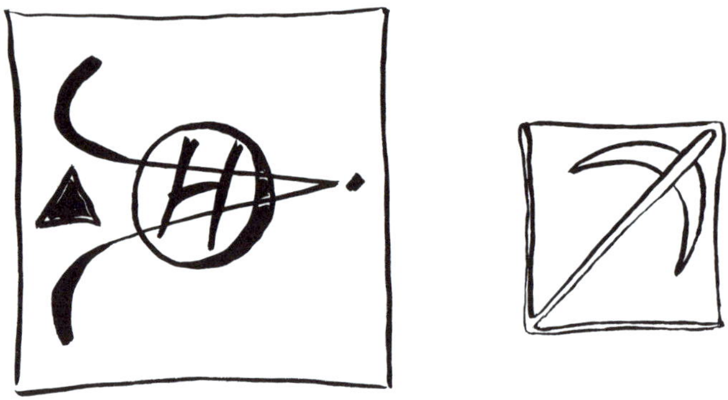

Ein Abwehrsiegel, das eine Kraft auf ihren Verursacher zurücklenkt; rechts das Siegel in gefaltetem Zustand

nicht so einfach davonkommen lassen und verklagte ihn. Herbert wehrte sich mit Lügen und falschen Anschuldigungen. Zudem sandte er Loni ein ganzes Bündel dunkler Energie, denn seine Gedanken kreisten nur noch darum, wie er ihr Pech an den Hals wünschen konnte.

Auf Anraten einer erfahrenen Hexe malte Loni das abgebildete Abwehrsiegel auf ein quadratisches Stück Papier. Sie faltete das Papier diagonal und schlug die beiden spitzen Ecken des so entstandenen Dreiecks nach oben. Auf die geschlossene Ecke zeichnete sie einen halbmondförmigen Bogen. Dieses Abwehrsiegel legte sie unter ein Stundenglas, das sie immer wieder umdrehte, zu Anfang mehrmals am Tag. Nach und nach verlängerten sich die Abstände, bis sie das Glas schließlich nur noch sporadisch umdrehte, wenn sie intensiv an Herbert dachte, und es schließlich ganz sein ließ, weil er in ihrem Leben keine Rolle mehr spielte.

Der Effekt dieses Schutzzaubers war verblüffend. Herberts energetische Angriffe wurden nicht nur spürbar schwächer, er machte auch einen entscheidenden Fehler nach dem anderen. Beispielsweise setzte er sich immer öfter beweiskräftig ins Unrecht und wurde am Ende zu einer empfindlichen Strafe verurteilt.

Anmerkung zu Lonis Abwehrzauber

Das Zeichen zeigt einen zunehmenden Mond in einem Kreis. In dem Kreis steht der Buchstabe H für Herbert. Von links nach rechts führt ein Pfeil mit gebogenen Enden durch den Kreis und den Mond auf einen Punkt zu. Die nach außen gebogenen Pfeilenden umschließen ein schwarzes Dreieck.

Der zunehmende Mond wirkte destruktiv auf Herberts schlechte Energie. Je mehr davon er auf Loni richtete, desto mehr warf das Halbrund auf ihn zurück. Der Anfangsbuchstabe seines Namens stand im Kreis und somit im Zentrum. Herbert war sowohl der Auslöser des Zaubers als auch dessen Empfänger. Loni hatte also einen magischen Kurzschluss bewirkt. Das dunkle Dreieck ist ein schwarzes Feuerzeichen. Das bedeutet, dass Herberts negative Energien mit dem Siegel angesprochen und auf ihn zurückgelenkt wurden. Sie wurden zudem auf einen Punkt geführt, also konzentriert und somit hoch verdichtet. Je mehr Herbert also versuchte, Loni zu schaden, desto mehr Schaden richtete er für sich an. Schließlich war er mehr damit beschäftigt, den von ihm angerichteten Schaden zu tilgen, als seine böse Kraft auf Loni zu richten.

Das gefaltete Blatt verbarg und schützte das Siegel. So blieb der Zauber gebündelt und unangreifbar. Der Halbmond an der geschlossenen Ecke des Blattes war nochmals ein Spiegel, der die

auf Loni gerichtete Energie einsammelte und gebündelt an das Siegel abgab. Dies erhöhte die Präzision des Zaubers.
Ein Stundenglas ist eine Sanduhr mit einer Stunde Durchlaufzeit. Damit richtete Loni einen automatischen Zauber ein. Jedes Mal wenn sie das Glas drehte, aktivierte sie den Zauber erneut und schickte seinen Impuls eine Stunde lang in Herberts Richtung. Hierdurch war dieser einem besonders dichten Zauber ausgesetzt, dessen Wirkung er sich nicht entziehen konnte. Der Zauber zwang ihn, seiner Aggression freien Lauf zu lassen, um endlich aus Schaden klug zu werden.

Das Böse isolieren

Nicht immer will man, wie eben beschrieben, das Böse mit seiner eigenen Hässlichkeit kurieren. Meistens möchte man einfach nur seine Ruhe vor dem Störenfried haben.

Hiltrud wollte von ihrem einstigen Freund nichts mehr wissen. Er aber bedrängte sie mit seiner Energie, erschien ihr in Albträumen und lag manchmal wie ein kalter Schatten auf ihrer Seele. Als Hiltrud zu mir kam, hatte sich das Problem noch verstärkt. Eine Hexe hatte ihr empfohlen, einen schwarzen Kreis um sein Bild zu ziehen und eine Glasglocke darüber zu stülpen. Doch das hatte eher das Gegenteil bewirkt, denn der schwarze Kreis zog die Energie des Exfreundes an und die Glasglocke wirkte wie ein Leuchtkörper, der die Strahlung in alle Richtungen verstärkte.

Ich empfahl ihr nun, das Bild ihres Ex zu verbrennen, die Asche an einem Kreuzweg zu vergraben und anschließend die Wohnung gründlich zu räuchern. Durch das Verbrennen setzte sie einen entschiedenen, deutlich sichtbaren Schlussstrich. Ein Kreuzweg ist ein Ort, an dem Geister und schlechte Kräfte dauerhaft gebannt werden, denn der Kreuzweg zwingt sie, sich für eine Richtung zu entscheiden. Und da diese Kräfte eine solche Entscheidung scheuen, irren sie planlos hin und her, bis sie sich schließlich erschöpfen.

Auch in Hiltruds Fall war dieses Vorgehen von Erfolg gekrönt. Kaum hatte sie meinen Rat befolgt und die Asche des Bildes an einem Kreuzweg vergraben, hatte sie keine Albträume mehr.

TIPP FÜR IHRE ZAUBERPRAXIS: Ein Kreuzweg ist eine Wegkreuzung, allerdings nicht jede beliebige Kreuzung. Es handelt sich vielmehr um eine Stelle draußen vor der Stadt, an der sich Feldwege kreuzen und wo vielleicht noch ein Kreuz steht. Diese Kreuze wurden errichtet, damit die verlorenen Seelen, die an diese verworfenen Orte gebunden sind, ihren Frieden finden.

▶ EIN MASSIVER BANN

Eine Möglichkeit, den aggressiven Geist eines Menschen zu isolieren, besteht darin, ihn in einem Kreis zu bannen. Dabei sollte man allerdings darauf achten, die oben erwähnten Fehler (schwarzer Kreis und Glasglocke) zu vermeiden.

Legen Sie das Bild der Person, die Sie isolieren wollen, auf einen grauen Karton und umzirkeln Sie es mit einem schwarzen Kreis. Ziehen Sie den Kreis gegen den Uhrzeigersinn. Um diesen schwarzen Kreis ziehen Sie – ebenfalls nach links – einen weißen Kreis. Das Bild der Person ist nun von zwei Kreisen umschlossen. Der innere dunkle Kreis saugt die dunkle Kraft auf, der äußere weiße Kreis reflektiert sie. Die Kraft kann nun nicht mehr entkommen, sondern wird auf ihr eigenes Zentrum zurückgelenkt. Dies ist fürwahr ein Teufelskreis. Solange sich der Geist der umschlossenen Person in negativer Weise regt, setzt sie sich einer vernichtenden, sich stetig aufschaukelnden Kraft aus. Dieses Fiasko kann nur durch völlige Inaktivität verhindert werden.

Indem Sie nun noch einen gelben Kreis um das Bild ziehen, machen Sie die Person gar zum Ausgestoßenen. Gelb steht in der Magie nämlich nicht nur für Licht und Gold, sondern auch für Isolation. Es ist die Farbe der Aussätzigen und Unberührbaren. Sie stoßen die Sie bedrängende Person also symbolisch aus Ihren Kreisen aus und werden feststellen, dass es Ihnen anschließend viel leichter fallen wird, diesen Ausschluss auch in der Alltagsrealität zu vollziehen.

Zauberei in der Küche

Den Begriff »Hexenküche« bringen wir meist mit einem düsteren alchemistischen Labor in Verbindung. Dabei ist das Kochen und die Sorge für das leibliche Wohl ebenfalls eine alte Art der Zauberei. Wenn Liebe durch den Magen geht, gilt das erst recht für die Magie, denn schließlich sind Liebe und Magie zwei Ströme aus derselben Quelle. Sicher hat jeder von uns schon einmal erlebt, dass ein gutes Essen den Menschen verzaubern und beglücken kann. Und jeder, der ein Essen zubereitet, bedient sich bewusst oder unbewusst magischer Mittel. Fleisch beispielsweise ist ein Symbol der Lebenskraft, und je nachdem, von welchem Tier es stammt, ist es auch ein Träger der diesem Tier zugeordneten magischen Temperamente. Die Verwendung von Kräutern und Gewürzen verfeinert die Speisen, erfüllt aber auch noch andere Zwecke. Küchenkräuter etwa wurden dem Essen schon von jeher als schützende Zauberkräuter beigegeben. Sie sollten die Speise reinigen und von bösen Energien befreien. Gleichzeitig waren sie als Opfer- und Versöhnungsgabe für den Geist gedacht, dem man die Mahlzeit verdankte.

Die folgende Auflistung gebräuchlicher Küchenkräuter soll Sie an die Zauberkraft des Kräutergartens erinnern. Diese Küchenkräuter stärken die Gesundheit und bewirken einen heilsamen Zauber für Leib und Seele. Nicht zuletzt deshalb wurden sie seit vielen Jahrhunderten in den Klostergärten angebaut. Machen Sie sich beim Kochen diesen natürlichen Zauber bewusst und geben Sie etwas von dieser positiven Zauberkraft in die Speisen, die Sie zubereiten.

Basilikum wirkt beruhigend und stärkt die Anziehungskraft. Daher gilt er auch als Liebeskraut. Dem Magier verleiht er Ausstrahlung, Güte und Zaubermacht. In den Zauberkreis gelegt, stärkt er dessen Schutzkraft. Er ist ein idealer Begleiter bei der Beschwörung guter Geister.

Bohnenkraut: Dieses Kraut, das nicht nur zu Bohnen, sondern zum Beispiel auch auf der Pizza gut schmeckt, soll die Phantasie anregen und Laune machen. Wird ein Gegenstand mit einem Büschel Bohnenkraut abgekehrt, ist er vor schlechten Energien sicher. Legen Sie eine so behandelte Münze aus, wird ein Bösewicht sie nicht aufheben – und daran erkennen Sie ihn.

Estragon passt sehr gut zu Spargel, Salat, Fisch oder hellem Fleisch. Er soll schlechte Gedanken und üble Träume vertreiben. Ein Estragonblatt, das man bei sich trägt, schützt vor dem bösen Blick. Estragon hat eine reinigende Wirkung und wirkt harmonisierend.

Knoblauch: Knoblauchduft wirkt abstoßend. Böse Geister fliehen ihn. Aufgetupfter Knoblauchsaft bricht Furunkel auf. Ebenso bricht Knoblauch böse Energieballungen auf und macht das Übel sichtbar. Knoblauch im Waschwasser löst schlechte Energien, die Gegenständen noch von ihren Vorbesitzern anhaften.

Lavendel schmeckt zu Salaten und zum Lamm. Ein Säckchen Lavendelblüten im Kleiderschrank hält die Motten fern. Auch hält der Lavendel lichtscheues Gesindel vom Haus ab, weswegen er über dem Eingang oder im Herrgottswinkel aufgehängt wird. Liebesbriefe parfümiert man mit Lavendel, auf dass sich die Liebesschwüre auch erfüllen.

Liebstöckel: Wie der Name verrät, ist es ein Liebeskraut. Wer Liebstöckel bei sich trägt, wirkt in den Augen des anderen Geschlechts gleich viel gefälliger. Als Räucherbeigabe vertreibt es Geister. In der Küche ist es auch als Maggikraut bekannt und darf in keiner Suppe fehlen. Wer von ihm isst, bleibt von Hexen verschont.

Lorbeer verfeinert die Speisen, indem er ihren Eigengeschmack stärkt. Als Zeichen des Sieges und der Ehre stützt er den Mutigen und nimmt die Angst. Er gilt aber auch als Wahrsagekraut und fördert als Räucherbeigabe die Hellsicht. Lorbeer hat eine stark reinigende Wirkung. Im Liebeszauber gelten Lorbeerblätter als Bindemittel: Man zupft zwei Blätter vom Zweig. Eines behält man, das andere steckt man dem Liebsten zu.

MAJORAN verfeinert Kartoffel- und Erbsengerichte und schmeckt zum Schweinebraten. Majoran macht mutig und vertreibt sowohl die Angst als auch die Trauer. Er harmonisiert und klärt die Aura. Als Wohlfühlkraut lockt er die guten Kräfte herbei und begünstigt positive Entscheidungen.

ORIGANO, auch Dost oder Wohlgemut genannt, passt zu vielen Gerichten und Soßen der südlichen Küche. Er löst jeden auf einen gerichteten Zauber und vertreibt selbst hartnäckige Rumpelgeister. Man kaut ihn, um üble Gedanken zu vertreiben. Als Teil des Haussegens hält er Diebe fern.

PETERSILIE: Wegen ihres hohen Gehalts an Vitaminen (B, C und E) gilt sie als rundum stärkend. Vor allem steigert sie die Liebeskraft. Im Räucherwerk wirkt sie reinigend. Wer Petersilie sät, verhindert, dass das Böse die Überhand gewinnt.

PFEFFERMINZE: Sie gilt als magenfreundlich und fiebersenkend. In der Antike nannte man sie Venuskrone, weil sie die Liebeslust anheizt. Sie klärt den Geist und fördert die Inspiration. Als Duftmittel klärt sie die Räume und zieht gute Energien an. Auf die Schläfen getupft löst ihr Extrakt den Kopfschmerz.

PIMPERNELL, auch Bibernelle oder Wiesenknopf genannt, wird zu Salat und Fisch gegessen. Im Mittelalter war sie ein Pestkraut und soll deshalb noch heute vor dem Hauch des Bösen bewahren. Im Liebeszauber gilt sie als Lockmittel, das die Aufmerksamkeit der begehrten Person erzwingt.

ROSMARIN gibt dem Braten und allen Tomatengerichten eine eigene Note. Rosmarin ist eine immergrüne Pflanze und damit ein Symbol des ewigen Lebens. Bei Geburten, Hochzeiten und Todesfällen wird Rosmarin als magischer Schmuck eingesetzt. Er zwingt Geister, sich zu offenbaren, und vertreibt dämonische Kräfte. Mit ihm sprengt man Weihwasser und im Liebeszauber belebt und festigt er Beziehungen.

SALBEI: Helles Fleisch, Fisch und Tomatengerichte bekommen durch Salbei eine besondere Note. Salbei ist ein Wahrsagekraut, das die Intuition steigert und einen Blick in andere Welten erlaubt. Ein Blatt Salbei in der Tasche verbirgt einen vor den Augen des Feindes. Dem Kranken verspricht Salbei Genesung. Er wirkt entzündungshemmend und lindert Halsschmerzen.

THYMIAN hebt den Eigengeschmack von Lamm, Ente und vielen Gemüsesorten. Thymian heiligt die Orte, an denen mit ihm geräuchert wird. Er löst Anhaftungen und zieht positive Geister herbei. Sein Duft macht Geister geschwätzig und lässt uns in die Zukunft sehen. Auch stärkt er die Willenskraft: Kranke gesunden. Liebeskranke werden mutig und offenbaren sich. Mütter schützt ein Kranz aus Thymian.

Zauberei geht durch den Magen

»Man ist, was man isst.« Dieser Spruch hat einen wahren Kern und basiert auf magischem Wissen, denn alles, was wir essen, wird ein Teil unseres Körpers, aber auch unseres Wesens und unserer Seele. Indem wir unsere Lebensmittel sorgfältig auswählen, nehmen wir auch Einfluss auf unsere magische Kraft. Außerdem können wir unsere Lebensmittel durch magische Einwirkung zu Trägern eines Zaubers machen.

Dies beginnt beim Segnen unserer Mahlzeiten. Daher war das Tischgebet jahrtausendelang ein wichtiges Alltagsritual, das erst heute mehr und mehr in Vergessenheit gerät. Der Tischsegen war nicht nur ein Dank an die Gottheit, sondern diente auch der Reinigung und Transformation der Mahlzeit. Er machte die Speise zu einem Mahl, das man sich mit den Göttern teilte, und dies war nicht nur ein Akt der Belebung und der Kräftigung, sondern auch ein Ausdruck der Lebensfreude.

Das gemeinsame Mahl ist ein gern gepflegtes Ritual zur Einstimmung auf ein Fest und seine Zeit. Denken Sie nur an die rituellen Speisen wie etwa die Martinsgans, das Weihnachtsessen oder den Fisch zu Aschermittwoch und Karfreitag. Selbst wenn der Hintersinn solcher Bräuche in Vergessenheit geraten sein mag, haben sie ihre Magie bewahrt. Beleben Sie die in Vergessenheit geratenen Rituale, wecken Sie ihren alten Zauber und sprechen Sie vor Ihrer Mahlzeit einen Segen wie diesen:

Ewigem Lebensdrang entsprungen
Und mit Fleiß der Erde abgerungen,
Liegt vor uns Fisch, Fleisch und Brot.
Wir danken dem Schöpfer, der all das hob.
Für dieses Mahl bitten wir um seinen Segen,
So will uns seine heilige Kraft beleben.

Mit einem solchen Segensspruch rufen Sie eine spirituelle Kraft herbei, die auf Ihre Speise übergehen soll. Anschließend flößen Sie sich diese Kraft mit der Mahlzeit ein und stellen sich unter ihren Schutz.

RÜHREN: Durch den einfachen Zauber des Rührens können Wünsche beim Kochen in das Essen eingebracht werden. Sprechen Sie diese Wünsche laut aus oder formulieren Sie sie in Gedanken. Achten Sie jedoch darauf, dass Sie stets im Uhrzeigersinn rühren, damit keine schlechten Kräfte in die Speisen gelangen.

BROTSEGEN: Auch über eine Scheibe Brot können Sie einen Zauber sprechen. Diesen Zauber besiegeln Sie, indem Sie mit einem Messer drei kleine Kreuze in die Brotrinde ritzen. Geben Sie das Brot anschließend dem Menschen zu essen, den Sie mit Ihrem Zauber stärken wollen.

Der Brotsegen ist noch heute allgemein üblich, um sich eine gute Kraft zur Seite zu wünschen. Dazu ritzt man ein Kreuz in die Unterseite des Brotlaibes, bevor man ihn anschneidet. Wenn Sie Ihr Frühstücksbrot täglich in dieser Weise segnen, dann werden Sie magisch gestärkt in Ihren Alltag gehen.

▶ ZAUBERWECKEN BACKEN

Ganz gezielt übertragen Sie einen Zauber, indem Sie zum Beispiel einen Zauberwecken backen. Vor dem Backen wird ein magisches Symbol in den Teig geritzt, das stellvertretend für den gesamten Zauber steht. Ich weiß von einer Hexe, die ihre Klienten Pentagramme aus Hefeteig formen lässt – ein Zauber, den ich seitdem ebenfalls empfehle. Während der Hefeteig geht, ziehen Sie sich an Ihren Kraftplatz zurück und besinnen sich auf das Ziel Ihres Zaubers. Spielen Sie Ihren Zauber und seine Wirkung in Gedanken durch. Sprechen Sie auch immer wieder laut dazu, damit die Zauberkraft fassbare Dichte erhält. Ist der Teig gegangen, schlagen Sie ihn noch einmal durch und kneten ihn zu einer Rolle, aus der Sie ein Pentagramm formen. Das backen Sie und essen es, nachdem es abgekühlt ist, mit der Person, für die Sie den Zauber gedacht haben. In den meisten Fällen spüren Sie bereits beim Essen, wie der Zauber an Kraft gewinnt und Wirklichkeit wird.

Zauberhafte Zutaten für Plätzchen

Plätzchen eignen sich gut als Träger eines weißmagischen Zaubers, vor allem solche, die mit Mandeln oder Haselnüssen hergestellt wurden.

Haselnüsse: Haselnüsse waren eine Speise für die Seelen der Verstorbenen, denn aufgrund ihrer frühen Blüte symbolisieren sie Erneuerung und Fruchtbarkeit. Die Haselnuss ist auch ein wirksames Mittel, um böse Geister fern zu halten. Haselnusszweige können zum Abstreifen schlechter Anhaftungen verwendet werden, weswegen Spazierstöcke aus Haselholz einst hoch geschätzt waren. Außerdem benutzte man Haselzweige für die Suche nach Goldadern. Die Haselnuss lockt also auch das materielle Glück herbei.

Mandeln: Auch Mandelbäume blühen zum Frühlingsanfang. Daher ist die Mandel ebenfalls ein starkes Lebenssymbol. Weil sie Fruchtbarkeit und Zeugungskraft fördern soll, wird sie auch im Liebeszauber eingesetzt. Wenn Sie in drei Mandelkerne ein Herz ritzen, bevor Sie sie verspeisen, wird Ihr Blick von betörendem Zauber sein und der oder die Auserwählte wird Ihnen nicht widerstehen können. Da sich die süße Nuss in einer spröden Schale verbirgt, gilt die Mandel auch als Symbol für die spirituelle Natur des Menschen. Die Mandel weist also auch auf das Unsichtbare und Geheimnisvolle hin. Entsprechend zieht sie die guten Kräfte an und hält schlechte Energien fern.

ZAUBERPLÄTZCHEN: Allein die magischen Eigenschaften von Haselnuss und Mandel machen eine Makrone zum stärkenden und schützenden Gebäck. Indem Sie ein solches Plätzchen naschen, aktivieren Sie positive Kräfte in sich und ziehen gleichartige Energien an. In jedem Fall wird sich die Atmosphäre um Sie herum aufhellen und entspannen – ein Phänomen, das man alljährlich um die Weihnachtszeit beobachten kann. Deshalb sind Weihnachtsplätzchen auch eine magische Gabe der Freundschaft und Harmonie.

▶ ZAUBER AUF ZUTATEN ÜBERTRAGEN

Wenn Sie die Plätzchen mit einem speziellen Zauber beladen möchten, geben Sie die noch unverarbeiteten Nüsse in ein Glas und schreiben den beabsichtigten Zauber auf einen weißen Zettel. Diesen Zettel binden Sie mit der Schrift nach innen um das Glas. Dann lassen Sie das so präparierte Glas mindestens einen Tag lang auf der Fensterbank stehen. Die Kraft Ihres Zaubers wird mithilfe des Lichts auf die Nüsse übertragen.

Wollen Sie beispielsweise einem guten Freund die notwendige Entschlusskraft zukommen lassen, damit er auf ein lohnendes Stellenangebot eingeht, schreiben Sie diesen Wunsch in Ihren Worten auf den Zettel. Sind die Plätzchen gebacken, dürfen Sie sie Ihrem Freund anbieten. In gleicher Weise können Sie einen Heilzauber arrangieren und Ihrem Nächsten mit einem gesunden Gebäck den magischen Anstoß zur Genesung geben.

Magisches Salz und geweihtes Wasser

Salz ist ein uraltes weißmagisches Mittel. Es dient, wie in Zusammenhang mit dem Haussegen bereits erwähnt (siehe Seite 138), der magischen Reinigung. Wenn Sie zum Beispiel ein magisches Bad nehmen, um sich für ein Ritual vorzubereiten oder die Energie einer unguten Begegnung von sich abzuwaschen, geben Sie drei Esslöffel Salz in Ihr Badewasser.

Magisches Salz: Die dem Salz eigene magische Kraft können Sie für einen anhaltenden Zauber nutzen. Suchen Sie zum Beispiel magischen Schutz vor bösen Kräften, schreiben Sie einen Abwehrspruch mit Salz auf ein Brett, zum Beispiel: »Das Böse verliert.« Lassen Sie das Salz von einem Löffel oder aus Ihrer Hand rieseln. Nachdem Sie den Abwehrspruch ausgestreut haben, geben Sie das Salz zurück ins Salzfass. Mit jeder Prise Salz, die Sie von nun an Ihrem Essen beifügen, geben Sie auch etwas von dem Zauber hinein. Ebenso dauerhaft übertragen Sie schützende Energie auf das Salz, wenn Sie ein Amulett aus Silber oder Zinn in Ihr Salzfass legen.

▶ Weihwasser herstellen

Mit einem Amulett präpariertes Salz besitzt alle Eigenschaften geweihten Salzes. Es vertreibt mit erheblicher Zaubermacht dämonische Kräfte. Mit diesem Salz können Sie sich eigenes Weihwasser herstellen.

Arrangieren Sie ein Ritual mit Räucherung und Meditation. Räuchern Sie auch über den Utensilien, die Sie benutzen werden und die Sie sich an Ihrem Kraftplatz bereit gelegt haben. Geben Sie dann einen Esslöffel Salz auf einen Liter Wasser und rühren Sie das Wasser, damit sich das Salz rasch löst. Dabei sprechen Sie folgenden Zauberspruch:

Im Anfang war das Wasser dem Geiste Bett.
Der Geist schöpfte Leben aus dem Wasser.
Fortan schwimmt im Wasser der Geist des Lebens.
Nichts auf der Welt ist geschmeidiger,
nichts ist weicher als Wasser.
Und doch widersteht es dem Starren,
und doch erweicht es das Harte.
Wasser bleibt der geduldige Bezwinger,
niemand vermag es zu wandeln.
Das Schwache ist der Bezwinger des Starken,
das Weiche ist der Bezwinger des Harten.
Dies weiß jedes Kind, doch niemand handelt danach.
Nur wessen Geist neu geboren ist,
kürt die Weisheit, so zu handeln.
Also sagt der Weise:
Das Gemeine auf mich zu nehmen,
befreit mich von der Gemeinheit.
Das Dunkle auf mich zu nehmen,
macht mich zum Fürsten des Lichts.
Wahre Worte klingen wie verkehrt.
So klingt der Geist, der Raum, der Zauber.
So wirke dieses geweihte Wasser.

(Vorlage für diesen Spruch war der 78. Vers des Tao Te King.)

So geweihtes Wasser können Sie wie aus der Kirche geholtes Weihwasser einsetzen. Es ist sogar noch spezifischer in seiner Zaubermacht. Bekreuzigen Sie sich vor einem Ritual mit diesem Wasser oder ziehen Sie Ihr okkultes Siegel damit. Reinigen Sie Räume, Gegenstände und Amulette, indem Sie sie mit dem Wasser besprengen. Reichen Sie das Wasser als stärkendes Mittel an jene weiter, die Sie um Ihre Magie ersuchen. Besprengen Sie Ihre Türschwelle mit Weihwasser, damit das Böse nicht darüber treten kann. Spritzen Sie Wasser in die Richtung, aus der Sie einen Geist kommen spüren, um ihn zu bannen. Frisch zubereitetes Weihwasser kann auch zur inneren Reinigung oder als Heilwasser getrunken werden.

Heilzauber

Bevor Sie sich dem Heilzauber zuwenden, sollten Sie sich darüber im Klaren sein, dass diese Art der Magie in keinem einzigen Fall einen Arzt ersetzen kann. Heilzauber ist für den magisch empfindsamen Teil des Menschen gut, für seine Seele und seinen Geist. Für den Körper ist der Arzt zuständig, der durchaus auch ein Magier sein kann, was übrigens für viele gute Ärzte gilt. Ein solcher Arzt wird sich auch um die Seele und den Geist seiner Patienten kümmern.

Der Heilzauber der weißen Magie hat vor allem ein Ziel: den Menschen wieder in Harmonie mit seiner Welt zu bringen. Der Magier versteht Krankheit als Disharmonie, als ein Ungleichgewicht der Kräfte, die einen Menschen tragen. Ursache hierfür kann sowohl ein körperliches Gebrechen sein als auch die Missachtung der Kräfte, die einen tragen. Aber auch ein magischer Angriff kann Disharmonie bewirken und somit Krankheiten auslösen.

Gegen einen bösen Zauber schützt ein abweisender Zauber. Wenn Sie den Verursacher eines krank machenden Zaubers kennen, streichen Sie mit einer Scheibe Brot über Ihren Körper, vor allem über die kranke Stelle, und sagen:

Nimm den Zauber, den dein Geist mir sandte.
Leid die Krankheit, mit der er mich anwandte.
Zum Ausgleich wird das Übel mir genommen.
Dafür soll es dreifach auf dich kommen.

Kneten Sie anschließend mit ein wenig Wasser eine Figur aus der Brotscheibe. Legen Sie diese Figur ins Freie, und sagen Sie den Zauberspruch erneut, diesmal allerdings erst, nachdem Sie die Figur dreimal mit dem Namen des Verursachers angesprochen haben. Die Figur wird sehr rasch von Vögeln und anderem Getier verzehrt werden und ebenso rasch wird der Zauber von Ihnen genommen.

Gegen Disharmonie hilft die Wiederherstellung des energetischen Gleichgewichts. Ergänzen Sie die fehlende Kraft und nehmen Sie das Zuviel auf der anderen Seite weg. Besinnen Sie sich auf beides, damit der Heilzauber greifen kann. Zu leicht macht man den Fehler, allein nach der fehlenden Kraft zu suchen und diese zu mehren. Man mag dabei durchaus genesen, doch im Grunde überhöht man das Problem nur, weil man das Zuviel nicht angeht.

Die Farben der Gesundheit

Gisela litt an chronischem Schnupfen. Die Ärzte waren ratlos, denn sie hatte weder eine Allergie noch eine feststellbare Schädigung im Nasenbereich. Marina, eine Bekannte, der Gisela ihr Leid klagte, meinte lako-

nisch, sie könne die Welt eben nicht riechen. Würde sie von ihrem hohen Ross steigen, wäre sie auch nicht mehr verschnupft. Das verletzte Gisela sehr. Andererseits ging ihr der Satz nicht mehr aus dem Kopf. Sie spürte, dass hier durchaus etwas Wahres gesagt worden war. Also wandte sie sich wieder an Marina, die, wie sie wusste, auch hellsichtig war.

Marina meinte, sie könne nicht versprechen, dass ihre Hilfe Giselas Schnupfen lösen werde, aber es sei einen Versuch wert. Gisela habe sehr viel Gelb in ihrer Aura. Würde man es reduzieren, würde sie ihre Mitmenschen mehr schätzen lernen. Und dann trüge sie die Nase vielleicht nicht mehr so hoch und bekäme auch mehr Luft.

Gisela sollte nun möglichst oft gelbe Kleidungsstücke tragen, denn diese würden einen Teil des Gelbüberschusses aufnehmen. Außerdem sollte sie mehrmals am Tag das untere Glied ihres linken Mittelfingers massieren. Der Mittelfinger korrespondiere mit den gelben, egoistischen Energien. Durch Massage seines unteren Gliedes würden die Kräfte abnehmen, während sie durch Stimulation des oberen Mittelfingergliedes zunähmen.

Gisela war skeptisch. Allerdings fand sie die Erklärungen bezüglich ihrer Ichstärke plausibel. Sie war in der Tat sehr egozentrisch und deswegen auch sehr einsam. Ihre Überheblichkeit war jedoch eher eine Abwehrhaltung. Sie wäre ganz gern von ihrem hohen Ross abgestiegen, wenn sie es nur gekonnt hätte.

Marina hatte ihr geraten, die Übung konsequent eine Woche lang zu machen. Würde sich in dieser Zeit nichts ändern, dürfe sie damit aufhören, denn dann bringe der Zauber nichts. Nach einer Woche setzte Gisela die Übung freiwillig fort und gewandete sich weiter in Gelb, denn sie spürte, dass sie wieder Luft und auch Kontakt zu Menschen bekam.

Tipps für Ihre Zauberpraxis: Die Farben in der Aura eines Menschen sind ein Abbild seiner aktiven Energien, die sich mit seiner Stimmung ändern. Es gibt aber auch so etwas wie die Grundtöne der Aurafarben, und diese Grundtöne werden durch die Kraft der Chakren genährt. Je stärker ein Chakra schwingt, desto kräftiger fließt seine Farbe in die Aura ein.

Chakren sind Impulsgeber für unsere Lebensenergie. Sie sind als Energieballungen entlang unserer Körperachse wahrnehmbar.

Die genaue Verteilung der Aurafarben lässt sich mit dem Pendel ermitteln. Fehlende oder dominierende Farben in der Aura müssen nicht unbedingt Krankheit bedeuten, sondern lediglich eine disharmonische Gewichtung. Indem Sie diese Farben im Krankheitsfall wieder ins Gleichgewicht bringen, setzen Sie einen heilsamen Impuls.

▶ Die Aura auspendeln und regulieren

Die Grundfarben der Aura sind Rot, Orange, Gelb, Grün und Blau. Legen Sie diese fünf Farben vor sich und pendeln Sie jede Farbe einzeln aus. Halten Sie Ihr Pendel jeweils über eine Farbe und fragen Sie es nach dem Status dieser Farbe in Ihrer Aura. Dreht es nach links, ist diese Farbe blass; kreist es nach rechts, ist sie überblendend. Schwingt das Pendel in geraden Längsstrichen vor Ihnen, ist der Farbanteil ausgeglichen.

Die Farbgewichtung lässt sich auf zweierlei Weise beeinflussen: durch die Farbe der Kleidung und über Ihre Finger. Gleichfarbige Kleidung reduziert den Farbton in der Aura dadurch, dass sie ihn verschluckt. Komplementäre Farben hingegen steigern den Farbanteil, da sie ihn in die Aura abstrahlen.

Zum zweiten können Sie die Aurafarben über Ihre Finger beeinflussen, wo sich die Chakrenkraft spürbar äußert. Massieren Sie das entsprechende Fingerglied an Ihrer linken Hand. Durch Massieren des unteren Fingerglieds reduzieren Sie den Farbton, durch Massieren des oberen Fingerglieds steigern Sie ihn.

Chakrafarbe	Finger	Komplementärfarbe
Rot	kleiner Finger	Blaugrün
Orange	Ringfinger	Türkis
Gelb	Mittelfinger	Blau
Grün	Zeigefinger	Purpur
Blau	Daumen	Gelb

▶ Besprechen und Räuchern

Die Zauberkraft des Besprechens haben viele als Kind erfahren, wenn ein Arzt oder eine weise Frau eine Warze besprach und sie danach verschwand. Ein solcher Zauber wird am besten bei abnehmendem Mond gemacht. Reiben Sie mit einem Schellkraut oder einer Walnuss über die Warze und sagen Sie, dass sie wie der Mond verschwinden soll. Hier ein passender Zauberspruch:

Schwinde, schwinde mit dem Mond, du Warze.
Geh rasch über auf das Kraut und geh dann ein.
Schwinde, weil ich's dir befehle, Warze.
Verschwinde über Nacht wie der Mondenschein.

Das magische Besprechen ist im Grunde ein Heilgebet. Die Umstände der Krankheit werden angesprochen, die Krankheit wird mit Worten eingegrenzt und schließlich gibt man ihr den ausdrücklichen Befehl zu schwinden. Wichtig ist, dass eine solche Sitzung in einem entsprechenden Rahmen stattfindet, womit vor allem eine angemessene Stimmung gemeint ist. Zünden Sie eine Kerze und

Räucherwerk an, legen Sie eine Decke auf den Tisch, stellen Sie ein Andachtsbild dazu, läuten Sie zu Beginn und am Ende des Rituals ein Glöckchen oder stimmen Sie mit einem Instrument einen Ton an.

Achten Sie darauf, dass Sie beim Besprechen der Krankheit nicht gestört werden können. Schalten Sie das Telefon aus und schließen Sie die Tür. Der Vorgang des Besprechens sollte in Ruhe stattfinden. Damit ist sowohl äußere als auch innere Ruhe gemeint. Es soll eine Ruhe sein, die den magischen Raum spürbar symbolisiert. Wenn es Ihnen gelungen ist, diese Atmosphäre herzustellen, geleiten Sie den Kranken in diesen heiligen Raum.

Während Sie die Krankheit besprechen, dürfen Sie auch unterstützend agieren. Legen Sie Ihre Hand auf die kranke Stelle, streichen Sie die Krankheit fort, behauchen Sie sie. Diese mitfühlenden Handlungen unterstreichen den Zauber. Zusätzlich können Sie einen sichtbaren Schwindezauber durchführen, indem Sie eine Petersilienwurzel über einer Küchenreibe klein reiben. Sagen Sie, dass die Krankheit ebenso schwinden soll wie die Wurzel, die sich bis zum Krankheitsdämon hinab senkte. Petersilie wächst langsam und wurzelt tief. Daher weiß sie um den dunklen Raum der Dämonen und hat entsprechend viele Krankheiten wachsen sehen.

Wiederholen Sie das Besprechen an mehreren Tagen möglichst exakt zur gleichen Zeit. Hierdurch erhält der Zauber besondere Wirksamkeit. Günstige Monde zum Besprechen sind Vollmond, Neumond und die abnehmenden Monde. Bei zunehmendem Mond sollten Sie unbedingt einen sichtbaren Schwindezauber ergänzend inszenieren beziehungsweise zusätzlich räuchern.

Das Räuchern empfiehlt sich generell, wenn es darum geht, eine Krankheit aus den Räumen zu bannen. Wermut ist eine heilsame und reinigende Räucherbeigabe. Er vertreibt nicht nur die Krankheit, sondern auch Dämonen und bittere Anhaftungen und hebt schwere Gemüter aus der Dunkelheit ins Licht. Ein besonders kräftiges Räucherwerk für die Gesundung ist Palo Santo (»heiliges Holz«). Es stammt aus Peru und wird von den dort lebenden Indianern seit Jahrtausenden als Heilmittel genutzt, vor allem zur Räucherung. Es hat einen angenehm süßen Duft mit einem Anflug von Kokos. Dämonen scheuen diesen Duft, der das Wohlgefühl anregt und Harmonie stiftet.

Weiße Magie macht das Leben leichter

Als Dankrad in die fremde Stadt kam, empfand er Zuversicht und Furcht zugleich. Er wusste, dass er auf seine Ahnungen achten sollte, wenn er sich nicht selbst schaden wollte. Er wusste aber auch, dass er zwischen seiner eigenen Besorgnis und seiner Ahnung zu unterscheiden hatte. Andernfalls würde ihn seine Furcht lähmen und er würde seine Ahnungen verkennen. Hier, in dieser fremden Stadt sollte er die Weichen für seine Zukunft stellen. Das ihm in Aussicht gestellte Geschäft war vielversprechend. Dankrad hatte die Unterlagen sorgfältig geprüft und sich Informationen über seinen künftigen Partner besorgt. Es gab keinen erkennbaren Makel. Warum also stand der Zuversicht nunmehr Furcht entgegen?

Dankrad beschloss, sich auf seine Mitte zu konzentrieren und sich dem magischen Raum anzuvertrauen. Die Kraft seiner Magie sollte ihn leiten und gleichzeitig einen Schutzkreis um ihn bilden. Er wollte seinem Geschäftspartner in einem guten Kraftfeld begegnen. Daher blieb er, nachdem er aus dem Zug gestiegen war, auf dem Bahnsteig stehen und ließ sämtliche Gedanken und Gefühle von sich abfallen. Er hielt die Hände vor seine Mitte. Die Fingerspitzen berührten sich. Um ihn wurde es still. Das hektische Getriebe um ihn herum verblasste, und er hatte das Gefühl, von einem blaugrünen Licht ummantelt zu sein. Es war, als flösse ihm dieser Schein vom fernen Horizont zu.

Dankrad blieb eine Weile in der Stille stehen. Das Licht begann zu pulsieren und die Geräusche drangen allmählich wieder zu ihm durch. Er verließ den Bahnhof. Die Leute, die ihm begegneten, lächelten ihm zu. Manche blieben sogar stehen und schauten ihm nach. Sie fühlten sich durch die Begegnung mit ihm angenehm berührt.

Als Dankrad seinem künftigen Geschäftspartner gegenüberstand, war ihm, als klirre das Licht, das ihn weiterhin umschloss. Der Ton lag in der Stimme seines Gegenübers. Es war jedoch kein hörbarer Ton. Der Andere hatte sogar eine angenehme Stimme. Es war eher ein stiller Misston, den Dankrad über das Licht empfand. Er war gewarnt und entsprechend achtsam.

Das Gespräch verlief positiv. Zu positiv. Sein künftiger Partner hatte keine Einwände gegen Dankrads Forderungen und blieb sogar gutwillig und aufgeschlossen, als Dankrad seine Bedingungen noch verschärfte. Doch am Ende lehnte Dankrad eine Zusammenarbeit ab. Er hatte keine konkreten Anhaltspunkte dafür, nur dass der anfängliche Misston zu keiner Zeit geringer geworden war. Irgendwie hatte er das Gefühl, dass sein Gegenüber hinter seiner großmütigen Fassade ganz andere Ziele verfolgte.

Auf der Rückfahrt kam Dankrad mit einem Mitreisenden ins Gespräch und bald sprachen sie über den Anlass seiner Reise. Obwohl sie sich erst im Zug kennen gelernt hatten, waren sie sich sehr vertraut und entsprechend offen sprach Dankrad. Sein Mitreisender gratulierte ihm zu dem Entschluss, auf dieses Geschäft zu verzichten. Er kannte den Geschäftspartner und wusste, dass diesem das Wasser bis zum Halse stand. Die beiden plauderten weiter und die Stimmung zwischen ihnen war wie unter alten Freunden. Es war Dankrad, als träfen sich zwei Lichträder, um aus Freude am Spiel im gleichen Rhythmus zu schwingen. Als er schließlich aus dem Zug stieg, hatte er nicht nur einen neuen Freund gewonnen, sondern auch den Geschäftspartner gefunden, den er in dem anderen gesucht hatte.

Ein Zweck der weißen Magie ist, schlechten Zauber abzuwehren, magische Schutzschilder zu installieren und zu festigen sowie eine angenehme Atmosphäre zu stiften und zu erhalten. Ein weiterer nützlicher Zweck der weißen Magie besteht darin, dass wir mit ihr Hindernisse aus der Welt schaffen und energetische Blockaden auflösen können. Deswegen gilt:

Wer sich mit weißer Magie auskennt, muss seine
Feinde nur selten bekämpfen, weil er es dank
der Magie versteht, sie zu Freunden zu machen.
Auch muss er nur selten das Schlimmste befürchten,
weil er die Einflüsse auf sein Geschick zum Positiven
zu wenden weiß.

Wenn Sie mit dem magischen Raum verbunden sind und in Ihrer Mitte ruhen, bewegen Sie sich in einem Kraftfeld, das Sie beschützt und aus dem heraus Sie selbst positive Impulse setzen. Sie wandeln buchstäblich auf der Sonnenseite des Lebens. Aufgrund Ihrer magischen Wahrnehmung werden Sie aufkommende Probleme bereits im Vorfeld lösen und ihnen ihre zerstörerische Kraft nehmen können. Ihre Mitwelt wird Ihnen positiv gestimmt begegnen, denn Sie werden als angenehmer Zeitgenosse wahrgenommen, der allein durch seine Anwesenheit eine gute Kraft vermittelt.

Sigill, das Siegel für den starken Zauber

Dass sie ihn liebte, hätte Nicoletta Raffaelo zwar persönlich sagen können, schließlich sah sie ihn täglich bei der Arbeit, doch das hätte sie nicht über die Lippen gebracht. Mal dachte sie darüber nach, ihm einen Liebesbrief zu schreiben, doch das kam ihr zu albern vor. Nur, irgendetwas musste geschehen. Sie beriet sich mit ihren Freundinnen. Eine riet ihr zu einem komprimierten Zauberspruch, der Turboeigenschaften entwickeln würde und in diesem Fall ganz bestimmt der richtige Liebeszauber sei. Nicoletta solle ihren Liebesschwur für Raffelo zu einem Zeichen verdichten, und das sollte sie ihm dann unbemerkt zustecken. Es würde seine Wirkung ganz von selbst entfalten.

Ein Sigill ist das Monogramm eines Zauberspruchs.

Nicoletta saß also einen langen Sonntagnachmittag daheim und überlegte, welchen Zauberspruch sie für Raffaelo zu einem Zeichen verdichten sollte. Ihr wollte partout nichts einfallen. Jede Formulierung kam ihr wie eine Schnulze vor. Was Sie ihm sagen wollte, war schlicht und einfach: »Raffaelo, ich liebe dich!« Und da Sie am Abend noch nicht weiter war, wusste sie: Dieser schlichte Satz war ihr Zauberspruch.

Sie machte sich also daran, aus der Wahrheit ein Siegel – ihre Freundin nannte es Sigill – zu entwerfen. Zunächst strich sie alle Vokale aus dem Satz und erhielt die Zeile: »RFFL CH LB DCH«. Aus dieser Zeile strich sie alle doppelten Buchstaben. Heraus kam: »RFLCHBD«. Diese sieben Buchstaben waren der verdichtete Zauber und somit das Rohmaterial für ihr Zeichen. Aus ihnen arrangierte Nicoletta das abgebildete Monogramm und übertrug es auf die Einladungskarte zu einer Party, die sie Raffaelo gab.

Raffaelo nahm die Karte aus dem Umschlag, las sie, schaute Nicoletta tief in die Augen und lächelte sie offen an.

▶ Das Anfertigen eines Sigill

Das Verdichten von Zaubersprüchen zu einem Sigill ist eine uralte magische Technik. In einem Sigill können Wünsche und gezielte Zaubersprüche verdichtet werden. Hierzu werden die Zeichen reduziert und zu einem bildhaften Schlüssel arrangiert. Dadurch entsteht die wirkkräftige Essenz des Zauberspruchs.

Wichtig ist, dass die Wünsche oder Zaubersprüche eindeutig formuliert werden. Sie müssen beschreiben, was geschehen soll, nicht etwa, was *nicht* geschehen soll. Wollen Sie beispielsweise, dass eine Freundin damit aufhört, sich immer in Ihre Angelegenheiten zu mischen, schreiben Sie vielleicht: »Sie soll sich um ihre Sachen kümmern.« Wollen Sie zudem, dass Sie selbst sich nicht mehr über die Neugier Ihrer Freundin aufregen, formulieren Sie: »Ich will gelassener werden.«

In dieser Hinsicht hatte Nicoletta ihren Wunsch an Raffaelo nicht eindeutig formuliert. Andererseits konnte sie ihn nicht besser formulieren, denn in diesen drei Worten war der ganze Zauber ihres Wunsches enthalten. Mehr musste sie nicht sagen.

DEN WUNSCH FORMULIEREN: Formulieren Sie Ihren Wunsch so knapp wie möglich. Schließlich liegt der Sinn eines Sigills in der Verkürzung eines Wunsches und dessen Verdichtung zur Zauberkraft. Das heißt aber nicht, dass es sich hier um einen schnellen Zauber handelt. Die Formulierung des Wunsches und die grafische Gestaltung der Buchstaben erfordern Zeit. Nehmen Sie sich diese Zeit. Die bewusste Beschäftigung mit dem Sigill erzeugt die Zauberkraft und regt Ihr Unterbewusstsein an, den Wunsch als Bild in sich aufzunehmen, wodurch seine Erfüllung noch wahrscheinlicher wird. Grundsätzlich ist der Gebrauch von Sigillen ein verlässlicher Zauber, solange Sie mit Ihren Wünschen im Rahmen Ihrer Wirklichkeit und somit Ihrer Möglichkeiten bleiben.

DEN WUNSCH ENTLASSEN: Bei der Sigillmagie geht es unter anderem darum, den Wunsch aus seinem Kopf zu bekommen und ihn im magischen Raum zu verankern. So soll er zu einer energetischen Wirklichkeit werden, während er zuvor als sich wiederholender Gedanke gebunden blieb und sich deshalb nicht entfalten konnte. Wenn Sie ein Sigill zeichnen, verabschieden Sie sich gewissermaßen von Ihrem Wunsch. Sie geben ihn in das entstehende Zeichen, und damit geben Sie Ihre Wunschkraft an den magischen Raum weiter. Anschließend meditieren Sie über dem fertigen Sigill, indem Sie es betrachten und zusehen, wie Ihre letzten Gedankenwünsche darauf übergehen. So laden Sie das Sigill noch weiter auf.

Ein Zauberwort bilden: Diese Aufladung verstärken Sie noch dadurch, dass Sie aus den überschüssigen Buchstaben Ihres Spruches ein Mantra bilden. Ein Mantra ist ein Zauberwort, das aus einer Lautfolge besteht und nicht zwingend einen erkennbaren Wortsinn besitzt. Es soll die Zauberkraft bündeln und ein Ritual durch das Wort mit dieser Energie begleiten. In Nicolettas Fall waren die überzähligen Buchstaben: AFAEO IIEEICH. Aus diesen Buchstaben hätte Nicoletta das Mantra »FIOACHEI« formen können. Bei der Bildung des Mantras dürfen Sie mehrfach vorhandene Buchstaben nach Belieben übergehen. Wichtig ist nur, dass jeder der überzähligen Buchstaben wenigstens einmal im Mantra vorkommt.

Wenn Sie das Mantra gebildet haben, sprechen Sie es laut vor sich hin, während Sie über dem Sigill meditieren, und zwar in folgendem Rhythmus: dreimaliges Wiederholen des Mantras – Pause – siebenmaliges Wiederholen des Mantras. Sprechen Sie langsam und machen Sie nach jedem Block eine längere Pause. So beschwören Sie die passende Stimmung und schaffen sich die Möglichkeit, Ihren Wunsch ganz an den magischen Raum abzugeben.

Das Ritual beenden: Wenn Sie spüren, dass Ihr Wunsch auf das Siegel übergegangen ist, beenden Sie das Ritual, indem Sie das Sigill zerreißen und wegwerfen. Dieser Akt ist sehr bedeutsam, denn mit ihm demonstrieren Sie, dass der Zauber nunmehr gültig im magischen Raum verankert ist und von dort aus seine Wirkung entfalten wird.

Auch Nicoletta hat diesen Schritt getan, indem sie sich von dem Siegel trennte und es Raffaelo schenkte. Damit hat sie das Ziel Ihres Zaubers erkennbar markiert.

▶ Ein Sigill aus einer Matrix schöpfen

Im nachstehend beschriebenen Ritual geht es um die Schöpfung eines vorübergehenden Sigills. Das Sigill bleibt also so lange installiert, bis der Zauber sein Ziel erreicht hat. Wenn es einen längeren Prozess begleiten soll, übertragen Sie das Sigill in Ihr Zauberbuch und streichen es erst, wenn der Zauber zu seinem Abschluss gekommen ist. Manches Sigill wird nie gestrichen werden, zum Beispiel, wenn es sich um einen Bannzauber handelt. Ich besitze ein ungefähr zweihundert Jahre altes Zauberbuch, in dem Sigillen vermerkt sind, die ich niemals zu tilgen wagen würde, weil das, was mit ihnen gebannt wurde, auch heute noch gebannt bleiben sollte.

Benötigen Sie das Sigill hingegen nur, um ein Ritual zu festigen und mit Macht zu begleiten, zeichnen Sie es auf transparentes Papier und vernichten es am Ende des Rituals.

Das abgebildete Sigill wurde über einem aufrecht stehenden Dreieck gezogen. Die Vorlage wird auch Matrix oder goldenes Siegel genannt, und zwar deswegen, weil solche Vorlagen einst aus Gold gefertigt waren. Das Dreieck symbolisiert das Element Feuer. Somit ist diesem Sigill die drängende Hitze des Willens eigen.

Nehmen wir an, Sie wollen ein Sigill aus dem Satz »Zauber wirke!« ziehen und das Schöpfen des Sigills soll den Beginn eines Rituals markieren. Dann wird die konzentrierte Zauberkraft des Sigills Ihr Ritual begleiten und schließlich auf den Zauber übergehen. Am Ende werden Sie das Sigill verbrennen und damit einen sichtbaren Schlusspunkt zum Ende Ihres Rituals setzen.

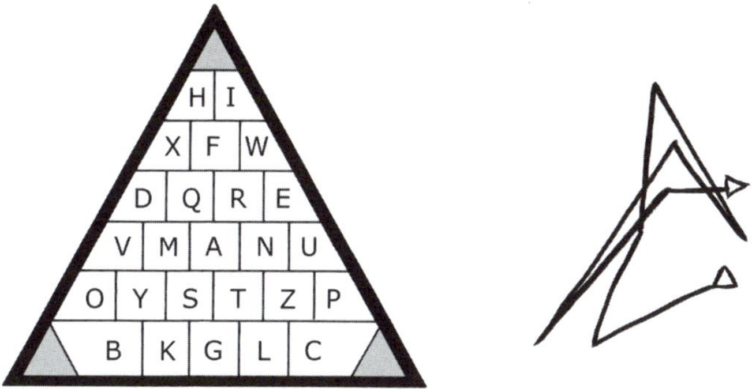

Links die Matrix, mit deren Hilfe man ein Sigill aus dem Feuerzeichen ziehen kann (I=J); rechts ein fertiges Sigill

Sie schreiben den Zauberspruch auf ein weißes Blatt und streichen alle Buchstaben, die sich wiederholen. Diesmal werden die Vokale nicht gestrichen, sondern gehen mit in das Sigill ein. In unserem Beispiel werden also nur drei Buchstaben gestrichen. Die verbliebenen Buchstaben werden unter den ganzen Satz geschrieben. Im Beispiel lauten sie: ZAUBERWIK. Diese Buchstaben ordnen Sie nun neu: Sie schreiben den ersten Buchstaben nieder und schließen den letzten an. Dann folgen der zweite und der vorletzte, dann der dritte und der drittletzte und so weiter, bis Sie sämtliche Buchstaben umgesetzt haben. In unserem Beispiel lautet Ihre Buchstabenreihe nun: ZKAIUWBRE.

Jetzt können Sie das Sigill ziehen. Dazu legen Sie das Transparentpapier über das oben abgebildete Buchstabendreieck und ziehen mit dem Bleistift eine durchgehende Linie von einem Buchstaben der Reihe zum nächsten. Beginn und Ende der Linie markieren Sie mit dreieckigen Pfeilen.

Das so erhaltene Sigill legen Sie vor sich auf den Tisch. Betrachten Sie es in Ruhe und lassen Sie seine Stimmung auf sich wirken. Finden Sie etwas über die Dynamik des Zeichens und seine innere Wahrheit heraus. Es ist ein spürbares Verständnis, das sich Ihnen vermittelt. Mancher Magier sagt, dass das Sigill zu klingen beginnt. Hören Sie seinen Ton und setzen Sie das vorgesehene Ritual fort.

TIPPS FÜR IHRE ZAUBERPRAXIS: Das Erstellen eines Sigills ist der Versuch, die Kommunikation mit dem magischen Raum offen zu halten. Sie geben Ihren Wunsch ab und bleiben offen für seine Erfüllung. Hierdurch entsteht ein fruchtbares und inspirierendes Spannungsverhältnis mit dem magischen Raum. Die Wirkweise der Sigillmagie wird häufig damit erklärt, dass durch die Beschäftigung mit dem Siegel der formulierte Wunsch im Unterbewusstsein verankert wird. Dies mag durchaus sein, denn das Unterbewusstsein ist an der Kommunikation mit dem magischen Raum beteiligt. Es ist seine Sensibilität, die uns für die Bewegung der magischen Kräfte aufgeschlossen macht. Gleichwohl ist die Sigillmagie keine psychologische Technik, sondern ein magisches Instrument. Wenn Sie sie anwenden, wirken Sie in und mit dem magischen Raum. Sie rühren an eine Kraft in einer anderen Sphäre. Aus diesem Grund sollten Sie ein Sigill mit Bedacht in Ihr Ritual einbinden. Nicht jeder harmlose Wunsch darf zum Gegenstand eines Sigills werden, denn damit würden Sie nur Energie verschwenden und Ihre Zauberkraft würde verflachen.

Seht mich an und straft meine Feinde

Lange Zeit hatte Toni als leitende Redakteurin beim Rundfunk gearbeitet. Dann wurden verschiedene Abteilungen aufgelöst und zusammen-

gelegt und sie fand sich in einem neuen Kreis von Kollegen wieder. Dort war die Stimmung jedoch wenig kollegial, weil jeder in Konkurrenz zu jedem stand. Da sich Toni nicht an den Grüppchenbildungen beteiligen wollte und keinen Sinn in der Inszenierung von Intrigen sah, war sie bald eine Außenseiterin und Ziel so mancher Mobbingattacke. Allerdings hatten sich die lieben Kollegen in ihr das falsche Opfer ausgesucht. Toni wusste sich zu wehren.

Der schützende Kokon: *Am Wochenende zog sich Toni einen Abend lang an Ihren Kraftplatz zurück, um einen Schutzkreis für sich zu installieren. Sie sammelte sich und meditierte bei Kerzenschein und Räucherwerk. Eine Kanne Früchtetee und etwas Nussgebäck belebten ihre magischen Sinne. Schließlich griff Toni zu den bereitgestellten Halbedelsteinen und legte sie in einem Kreis um sich aus. Das Kerzenlicht illuminierte die Steine. Es schien, als strahlten sie aus sich heraus. Ein milder Schein aus Regenbogenfarben legte sich um sie. Toni stand im Steinkreis und ließ sein Licht auf ihre Aura übergehen. Dann drehte sie sich langsam in der Kreismitte und formte mit den Händen die Begrenzung ihres Lichtkleides von innen her nach. Das Licht des Regenbogens schien sich auf ihre Aurahülle zu legen. Es war, als schmiede sie sich eine energetische Rüstung. Zum Abschluss des Rituals steckte sie sich einen Ring an den Finger, der sie zu jeder Zeit an die Kraft des installierten Schutzkreises erinnern sollte.*

So gerüstet begann Toni die neue Woche. Sie befand sich nun in ihrem Schutzkreis wie in einem Kokon. Die Angriffe berührten sie nicht mehr und sie reagierte auch nicht mehr mit Abwehr oder Verriegelung darauf. Da sie keinerlei Energie mehr an die Bosheiten der anderen abgab, war sie für ihre Kollegen energetisch unsichtbar geworden. Dies hatte zur Folge, dass die Kollegen das Interesse an Toni verloren. Von ihrer Kraft konnten sie nicht länger zehren. Das aber war ihre innerste

Motivation gewesen. Durch die Provokationen hatten sie die Kraft ihres Opfers auf sich ziehen wollen, um so gestärkt aus dem Konkurrenzkampf hervorzugehen. Toni aber war nunmehr ein energetisches Neutrum, an das sie ihre Energie verloren. Hin und wieder, wenn Toni das Gefühl hatte, ihr Abwehrkreis müsse wieder belebt werden, drehte sie den Ring an ihrem Finger und spürte augenblicklich die Kraft des Zaubers.

Der vorgehaltene Spiegel: *Da Toni andererseits nicht das graue Mäuslein spielen wollte, sondern selbst konkrete Absichten auf eine Position in der neuen Abteilung hatte, beschloss sie, sich mithilfe ihrer Magie ins Gespräch zu bringen und ihre Konkurrenten zu einem Spiel mit offenen Karten zu zwingen. Wieder zog sie sich am Wochenende an ihren Kraftplatz zurück. Diesmal stand ein Spiegel im Mittelpunkt ihres Rituals. Toni begann ihn von der Seite zu fixieren. Sie hatte ihn so ausgerichtet, dass sie die brennende Kerze darin sehen konnte, die Kerze selbst aber nicht im Blick hatte. Sie schaute in den Spiegel und beobachtete die sich leise bewegende Flamme. Allmählich verengte sich ihr Blick und sie sah nur noch die helle Spiegelscheibe mit der Kerze. Nun begann sich Toni im Geiste zu bewegen. Sie stellte sich vor, wie sie in den Spiegel glitt und aus ihm heraus auf die Kerze sah.*

Es dauerte eine Weile, bis ihr Blick wechselte und sie nun in der Tat nicht mehr in den Spiegel zu blicken schien, sondern aus ihm heraus auf die brennende Kerze. Toni hielt diesen Blick und besann sich gleichzeitig auf ihr Drittes Auge. Sie versuchte die Spiegeleigenschaft auf diese sensible Stelle über ihrer Nasenwurzel zu übertragen. Bald sah sie die Flamme vor ihrem inneren Auge.

Ruckartig löste sie ihren Blick vom Spiegel und wandte sich der Kerze zu. Sie sah die Kerze an und spürte, wie sie sie gleichzeitig mit ihrem nunmehr verspiegelten Dritten Auge reflektierte. Der Zauber war gelungen.

Abschließend weihte Toni einen Taschenspiegel, den sie fortan bei sich trug. Damit hielt sie den Zauber am Leben und festigte ihn. Wann immer sie es für nötig hielt, blickte Toni in diesen Spiegel und spürte, wie sich die Verspiegelung ihres Dritten Auges manifestierte.

Wenn sie sich nun jemandem zuwandte und sich dabei auf ihr Drittes Auge konzentrierte, wurden die verborgenen Motive ihres Gegenübers für alle Außenstehenden offenbar. Toni konnte also, ohne ein Wort sagen zu müssen, die gemeinen Züge ihrer Kollegen für jedermann sichtbar machen. Andererseits bewirkte die Verspiegelung, dass sie in den Augen der anderen so erschien, wie sie gesehen werden wollte. Ihren Feinden erschien sie als mächtigerer Feind, ihren Freunden entsprechend enger verbunden. Und in den Augen ihrer Vorgesetzten war sie hoch qualifiziert. Und während ihre Kollegen sich noch im Wettstreit zermürbten, handelte Toni bereits die Bedingungen aus, zu denen sie die Abteilung künftig führen würde.

Anmerkung zu Tonis Zauberhandlungen

Der Kreiszauber, mit dem sich Toni einen Panzer aus dem Licht des Regenbogens anlegte, wirkte vor allem deswegen, weil sie sich auf ihre eigene Mitte besann, auf sich und ihre Stärke. Diese Stärke stellte sie nicht in einen Gegensatz zu den anderen, sondern machte sie zu einem Solitär. Sie war die Kraft, sie war das Licht. Die Finsternis der anderen konnte sie nicht mehr erreichen.

Mit dem Spiegelzauber, bei dem Toni praktisch hinter den Spiegel trat, verfeinerte sie ihre Fähigkeit, hinter die Kulissen zu schauen. Dass die Fratzen hinter den Masken ihrer Gegner so deutlich sichtbar wurden, war Tonis tiefer gehendem Blick zu verdanken. In ihm spiegelten sich ihre Gegner wider. Da dieser

Blick zudem vollkommen stimmig war, wirkte er bis zur Peinlichkeit sezierend. Doch auch hier blieb Toni bei sich. Sie war lediglich die Kraft hinter dem Spiegel und nicht eine Sekunde lang jemandes Feind. Wenn ihre Gegner in den von ihr vorgehaltenen Spiegel blickten, entlarvten sie sich selbst.

Tipps für Ihre Zauberpraxis: Hier wird ein Phänomen angesprochen, das als energetischer Vampirismus bekannt ist: Tonis Kollegen versuchten durch Provokation Energie von ihr und anderen abzuziehen. Energetischer Vampirismus kommt in unterschiedlichen Ausformungen vor. Neben der Provokation kann es auch übermäßige Fürsorge oder zur Schau gestellte Hilflosigkeit sein, mit welcher der Vampir die Energie anderer auf sich lenkt. Es gibt zudem stille Vampire, die sich ganz unverfänglich benehmen und dennoch von der Kraft anderer zehren, sobald sie sich in deren Nähe aufhalten.

Sie merken dies an der Erschöpfung, die Sie erfasst, sobald Sie mit solchen Menschen zusammentreffen. Wenn Sie keinen dauerhaften Schutzkreis für sich installiert haben, können Sie sich vor einem energetischen Vampir dadurch schützen, dass Sie Ihre Daumen gleichzeitig mit der jeweils anderen Hand umfassen. Halten Sie die so verbundenen Hände vor Ihr Sonnengeflecht, und stellen Sie sich vor, dass Sie von einem weißen Schleier umhüllt sind. Dann werden Sie augenblicklich merken, wie Ihre Kraft wieder zu Ihnen zurückfließt. Halten Sie die Daumen noch eine Weile mit den Fäusten umschlossen. Danach können Sie sie lösen. Den isolierenden Schleier werden Sie noch eine ganze Weile mit sich tragen.

Wenn ich einmal reich wär

Darüber, was Reichtum ist, scheiden sich die Geister. Manch einer empfindet sich als reich, auch wenn er messbar arm ist. Andererseits gibt es genügend Reiche, die im Grunde arme Würstchen sind. Bekanntlich ist Reichtum nicht nur eine Frage des Standpunktes, sondern vor allem auch eine Frage der inneren Zufriedenheit. Dies sei vorausgeschickt, sofern Sie sich daran machen wollen, Ihren finanziellen Verhältnissen durch einen Geldzauber ein wenig auf die Sprünge zu helfen. Andererseits wird ein Geldzauber nur wenig bewirken, wenn man nicht das Seine dazu beiträgt, dass er sich auch entfalten kann. Selbst wenn man nur auf einen Lottogewinn setzt, muss man wenigstens einen Lottoschein abgegeben haben.

Bemerkenswert am Geldzauber ist, dass er häufig von jenen ausgeübt wird, die bereits über ein kleines Vermögen verfügen – was wiederum Rückschlüsse auf die Unzufriedenheit der Menschen zulässt. Zufriedenheit lässt sich freilich nicht kaufen. Deswegen sollte ein Zauber, der Sie reich machen soll, grundsätzlich ein Zauber sein, der Sie zufrieden macht. Mit dieser Zufriedenheit mag sich dann auch eine finanzielle Bereicherung einstellen. Leider verstellt uns die verbohrte Hatz nach Geld den Blick oft so sehr, dass die leichten, aber ertragreichen Ideen sich gar nicht zu Einfällen entwickeln können. Zünden Sie also eine Kerze vor Ihrem Hausaltar an und opfern Sie den Glücksfeen Rosenwasser und Rosenblätter. Das mögen diese und sie werden es Ihnen mit einer Prise Glück danken, die Ihnen Schwung geben und Ihren Tag leichter machen wird. Und damit erfahren Sie bereits ein wenig Reichtum.

Denken Sie auch an die vielen abergläubischen Handlungen, mit denen sich materielles Glück beflügeln lässt. Heben

Sie die Kupfermünze auf, die vor Ihnen auf dem Boden liegt, und spucken Sie dreimal darauf, damit das Glück an ihr haften bleibt, bevor Sie sie in Ihre Geldbörse fallen lassen. In vielen Geldbeuteln findet man auch ein Glücksschwein, das verhindern soll, dass das Geld zur Neige geht. Das Geld halten soll auch eine markierte Münze oder ein Schein, der niemals ausgegeben werden darf. Er erinnert vielleicht an den ersten selbst verdienten Schein, den sich manch einer einrahmt, damit das finanzielle Glück ihn nicht mehr verlässt. Bei all diesen Kleinigkeiten geht es vor allem um den sanften magischen Anstoß, der Sie aufmerksamer für Ihren Geldfluss werden lässt und Sie grundsätzlich offen für ertragreiche Situationen macht.

Und last but not least ist das Gebot vieler Religionen, den Armen etwas zu schenken, im Grunde ein altbekannter Geldzauber, der zudem ein Gefühl der Zufriedenheit vermittelt: Selig ist der Gebende. Geben Sie dem Bettler, dem Sie begegnen, also ruhig ein paar Münzen. Es ist ein Zauber, der Ihnen gewiss vergolten wird.

▶ Ein Geldzauber

Nehmen Sie eine Spielfigur, die Sie vertreten soll, und stellen Sie sie auf eine Münze. Um die Figur herum legen Sie ein geflochtenes Band aus gelben und grünen Fäden, das Sie dreimal verknoten. Stellen Sie dieses Arrangement in ein Fenster, damit es von der Sonne beschienen wird und Ihnen stets nachblicken kann. Damit dieser Zauber seine Wirkung entfalten kann, sollten Sie ihn zunächst an Ihrem Kraftplatz spielerisch inszenieren. Sprechen Sie die Figur an. Sagen Sie ihr, dass sie für Sie steht, und benennen Sie die Farben Gelb und Grün mit Gold und Ertrag. Erzählen Sie der

Figur, was sie von ihr und dem Zauber erwarten. Bitten Sie die Figur, Sie täglich an die Erneuerung des Zaubers zu erinnern. Später nehmen Sie die Münze einmal am Tag in die rechte Hand und reiben Sie sie. So soll der Hauch des guten Geldes an Ihnen haften bleiben und anderes gutes Geld herbeilocken. Dazu können Sie folgenden Zauberspruch aufsagen:

Ach liebes Geld, du fehlst mir nicht,
Doch steht dein Glanz mir zu Gesicht.
Drum komm und klimpre in meinem Kasten,
denn hier darfst du in Ruhe rasten.

Dieser Spruch gründet auf der Beobachtung, dass Geld all jene flieht, die es allzu sehr herbeireden wollen beziehungsweise zu offensichtlich zeigen, dass sie es dringend nötig haben.

Automatischer Zauber

Wenn in Tibet Gebetsfahnen flattern oder Mönche Gebetsmühlen drehen, steigen die Gebete der Menschen zum Himmel, während sie sich um die irdischen Dinge kümmern können. In vergleichbarer Weise können auch Sie Ihren Zauber seinem Ziel zusenden und seine Dynamik erhalten. Schließlich gibt es genügend Gründe, einem Zauber fortwährende Impulse zu geben: einen besonders angriffslustigen Gegner zum Beispiel oder einen, der gegen einen Zauber immun zu sein scheint. Gegen so hartnäckige Widersacher wirkt ein automatischer Zauber.

Eine nahe liegende Möglichkeit, seinen Zauber in Schwung zu halten, ist ein Windrädchen. Beschriften Sie seine Flügel mit einem Zauberspruch oder einem Zaubersiegel und stecken Sie es in Ihrem Garten oder auf dem Balkon in die Erde. Dann dreht der Wind Ihre »Zaubermühle« und trägt den Zauber seinem Ziel entgegen.

Das Stundenglas als automatisches Zaubermittel wurde bereits beschrieben (siehe Fallbeispiel Seite 151 f.). In der Magie wirkt es verdichtend für einen erfolgten Zauber, sobald es über einem Zaubersiegel oder einem Sigill platziert wird. Durch den herabrieselnden Sand wird die einmal in den Zauber gegebene Absicht belebt. Gleichzeitig drängt ein Stundenglas seiner Symbolik gemäß auf die Erfüllung des Zaubers, ist also ein eigenständiges und forderndes Zaubermittel. Dies ist besonders nützlich, wenn Sie von der Gegenseite ein bestimmtes Verhalten erwarten, das Sie durch Ihre Magie provozieren. Aus diesem Grund wird das Stundenglas beispielsweise im Liebeszauber eingesetzt, um das Interesse eines begehrten Menschen zu wecken: Sie schreiben Ihren Liebeswunsch auf die Rückseite eines Bildes des oder der Auserwählten, stellen ein Stundenglas darüber und drehen es öfter um.

Wenn Sie eine Uhr mit Stundenschlag besitzen und einen Zettel mit Zaubersiegel daran befestigen, wird der Zauber zu jeder Stunde durch den Glockenschlag aktiviert. Als besonders mächtig gilt ein Schutzzauber, wenn er im Glockenstuhl einer Kirche versteckt wird. Die in eine Glocke eingegossene Beschriftung mag so gesehen als allgemeiner Schutzzauber für die gesamte Kirchengemeinde verstanden werden.

TIPPS FÜR IHRE ZAUBERPRAXIS: Im Grunde lässt sich jeder Zauber durch eine Installation in beständigem Schwung halten. Allerdings stellt sich oft die Frage, ob dies sinnvoll ist. Denn indem Sie die Zauberkräfte für einen belanglosen Zauber ständig neu anregen, können diese sich verselbstständigen und Schrate herbeilocken und nähren.

Bevor Sie einen automatischen Abwehrzauber installieren wollen, sollten Sie sich außerdem fragen, ob der Gegner oder die Angelegenheit, die Sie abwehren wollen, den ganzen Aufwand überhaupt wert ist. Die Erfahrung hat nämlich gezeigt, dass der beste Zauber für viele Beeinträchtigungen das Ignorieren ist.

Der Zauber liegt in der Handlung

Eine besondere Art des automatischen Zaubers liegt im Bewusstsein und in der Lebensführung des Magiers. Hat sich Ihnen der magische Raum erst erschlossen, und sind Sie ihm mit dem Herzen verbunden, wird Ihr Wirken immer und überall von einer magischen Kraft begleitet sein. Das bedeutet: Sobald Sie sich bei einer Handlung auf deren metaphysischen Hintergrund konzentrieren, fließt verstärkt magische Energie in diese Handlung ein. Sie setzen durch Ihr Tun magische Muster in die Welt, die wiederum ein Ereignisfeld vorbereiten, in dem sich ein Geschehen im Wesentlichen der vorgegebenen Absicht entsprechend entwickeln wird.

Wenn Sie in dieser Weise handeln, handeln Sie auch meditativ. Dabei werden Sie merken, dass Sie bei Ihrem Handeln wie ganz von selbst Anfangs- und Schlusspunkte setzen. Dies sind weniger auffällige Markierungen, als vielmehr stille Zeichen und Momente der inneren Betrachtung: zu Beginn vielleicht eine gedankliche Fürsprache für das Gelingen oder eine Kraft schöpfende Bewegung; am Ende ein Dank, eine beschließende Geste oder ein kleines Abschlussritual, beispielsweise das Entzünden eines Räucherstäbchens. Damit schaffen Sie magische Gewichtungen, durch die Sie die Energien intuitiv lenken. Achten Sie auch darauf, Ihrem Wirken einen magischen Grund zu geben. Hierdurch erschließen Sie sich eine magische Dimension, die weit über den beschriebenen automatischen Zauber hinausgeht. Wenn Sie in einer derart magisch verdichteten Stimmung zum Beispiel einen Wunsch aussprechen, wirkt dieser Wunsch wie ein fordernder Zauber, der seiner Erfüllung entgegenstrebt. Das bedeutet natürlich auch, dass Sie in einer solchen Verfassung eine entsprechende Verantwortung für die Formulierung Ihrer Absichten und Wünsche tragen.

Wo die Liebe hinfällt, ist es zauberhaft

Liebeszauber ist weiße Magie, sagen die einen, weil er zwei Menschen zusammenbringt und in Liebe aneinander bindet. Liebeszauber ist schwarze Magie, sagen die anderen, weil damit jemand in eine Beziehung gezwungen werde, die er vielleicht gar nicht eingehen wollte.

Beides ist falsch. Zum einen ist Liebe pure Magie. Diese Magie ist so rein und so weiß, wie weiße Magie nur sein kann. Zum anderen haben wir bei unserem Werben um einen Partner schon immer in die magische Trickkiste gegriffen. Jedenfalls sind all die selbstverständlichen Rituale rund um die Liebe nichts als Zauberhandlungen, die den Geliebten beeindrucken oder an sich binden sollen. Denken Sie nur an Ringtausch, Freundschaftsbänder, Liebesbriefe, verschlüsselte SMS-Botschaften, Graffitis an der Hauswand des Geliebten, die ganzen Gespräche über den Auserwählten, den Partnerlook, die Liebeslieder, die Orakel, die nach Chancen befragt, oder die Cocktails, die gemixt werden, um den anderen zu bezirzen. Allein mit diesen alltäglichen modernen Liebesritualen könnte man spielend ein ganzes Buch füllen.

Wenn wir lieben, lieben wir unbedingt, selbst wenn wir uns den Angebeteten mit echter Magie angeln müssen. Allerdings hilft, falls der oder die Angebetete die magisch aufpolierten Attraktionskräfte partout nicht würdigen will, auch der beste Liebeszauber nichts. Einen störrischen Esel bekommt man nicht zum Laufen und einen unwilligen Auserwählten bewegt man nicht zum leidenschaftlichen Kuss. Denn die Liebe, diese reine Kraft, lässt sich magisch nicht erwecken. Der Funke muss sich schon im Geliebten selbst entzünden, damit das Feuer der Liebe zu lodern beginnt. Magie kann also nur da helfen, wo der Liebesfunke schon glimmt. Manchmal muss man aber schon recht kräftig in die Glut blasen, damit ein Liebesbrand entsteht.

Dies durfte auch Janette erfahren, die sich niemanden sehnlicher an ihre Seite wünschte als Wolfgang. Doch Wolfgang, der ihr zwar schon mal hier und da schöne Augen machte, war Lyra treu. Janette saß also ganz schön in der Klemme. Ein Trennungszauber, der bewirken sollte, dass Wolfgang Lyra verließ, war ihr nicht geheuer. Wolfgang jedoch locken, ja. Nur wie? Eine Freundin empfahl Janette einen Liebeszauber, mit dem sich schon ihre Oma ihren Opa geangelt haben sollte, trotz der vielen Mitbewerberinnen, die ihm angeblich nicht nur schöne Augen gemacht hatten. Also folgte Janette ihrem Rat und besorgte sich ein Haar von Wolfgang, indem sie ihm eins von seiner Jacke zupfte. Dieses Haar verdrillte sie mit einem Haar von sich. Dann wartete sie, bis die junge Mondsichel am Abend im Westen erschien. Sie stellte zwei Kerzen in gutem Abstand zueinander ins Fenster und zündete sie an. Dazwischen legte sie die ineinander verflochtenen Haare. Um die richtige Stimmung zu erzeugen, ließ sie noch eine schöne Schnulze erklin-

gen, bei der ihr die Tränen in die Augen stiegen. Dazu sprach sie diesen Zauberspruch:

Wie der Mond sich rundet,
Soll unsere Liebe wachsen.
Wie die Kerzen flammen,
Soll unser Liebe brennen.
Wie unser Haar verbunden,
Solln unsere Herzen schlagen.

Nachdem der Schlager verklungen war, blies sie die Kerzen aus und tröpfelte das Wachs über die beiden verschlungenen Haare. Am nächsten Abend – die Mondsichel hatte ein wenig zugenommen – wiederholte sie das Ritual. Sie rückte die beiden Kerzen ein klein wenig näher zueinander. Dieses Ritual wiederholte sie an sieben Tagen. Am siebten Tag standen die beiden Kerzen ganz dicht nebeneinander.

Kaum waren die Kerzen ausgeblasen und das Wachs fest geworden, kratzte Janette den Wachsklumpen mit den Haaren von der Fensterbank und formte ihn zu einem Herz. Dieses Herz legte sie wieder ins Fenster. Die beiden Kerzen räumte sie beiseite. Am nächsten Tag zündete Janette eine neue Kerze an. Sie sprach den Zauber und hielt das Wachsherz in die Flamme, wo es weggeschmolzen wurde. Die Haare verbrannten. Janette malte ein Herz mit ihren beiden Namen auf einen Zettel, schrieb den Spruch dazu und zündete das Papier an der Kerze an. Seine Asche sammelte sie auf und verwahrte sie in einem Schächtelchen.

Nun blieben Janette nur noch wenige Tage bis Vollmond. In dieser Zeit musste sie etwas von der Asche auf Wolfgang übertragen. Sie stellte es sich schwerer vor, als es schließlich war. Denn als sie Wolfgang zwei Tage später begrüßte, wischte sie ihm beim Händeschütteln etwas Asche in die Hand.

Der Zauber wirkte. Wolfgang wandte sich ihr zu und entfaltete einigen Eifer, um ihr zu gefallen. Allerdings musste Janette bald einsehen, dass sie sich mit Wolfgang einen rechten Langweiler an die Seite gezaubert hatte. Diese Liebschaft war ein Strohfeuer und Janette war heilfroh, dass Wolfgang sich noch nicht von Lyra getrennt hatte. So konnte sie das Auseinander recht problemlos arrangieren. Sie wartete auf den abnehmenden Mond und zündete die beiden Kerzen aus dem Liebeszauber an. Diese Kerzen rückte sie weit auseinander und ließ sie abbrennen. Damit erkalteten die Gefühle und beide konnten das Techtelmechtel als gute Freunde lösen.

Anmerkung zu Janettes Liebeszauber

Mit den sich im zunehmenden Mond näher rückenden Kerzen hatte Janette ein sehr magisches Bild geschaffen, das zu einer starken Entsprechung in der magischen Sphäre führte. Von gleicher Mächtigkeit war das lösende Bild. Bei längeren Beziehungen ist hier allerdings ebenfalls ein siebentägiges Ritual angebracht: Bei abnehmendem Mond rücken Sie beiden Kerzen an sieben Tagen immer weiter auseinander und lassen sie am siebten Tag ganz niederbrennen. Dazu können Sie folgenden Zauberspruch aufsagen:

Wie der Mond schwindet,
Soll sich gültig lösen,
Was die Liebe nicht mehr bindet.
Wie die Kerzen fliehen,
Soll die Bindung schmelzen
Und Kälte das Gemüt durchziehen.

Das Wachsherz, das Janette in der Kerzenflamme löste, war ein sphärischer Bindezauber. Dadurch dass sich die Haare der beiden mit dem Wachs in Rauch auflösten, sollte die Bindung auch auf einer höheren Ebene besiegelt werden. Hätte Janette das Herz aufgehoben, wäre es zu einem Talisman für ihre Liebe geworden. Dann hätte sie es zur Besiegelung der Trennung zerbrechen können.
Die Berührung mit der Asche eines Zauberspruchs ist ein sehr starker Zauber, um die Energie auf eine andere Person zu übertragen. Er wird für sehr unterschiedliche Ziele eingesetzt, unter anderem auch, um eine Person magisch zu zwingen, sich in einer Angelegenheit zu offenbaren. Grundsätzlich sollte die Übertragung unbemerkt geschehen, damit sie ihre Wirkung entfalten kann.

Tipps für Ihre Zauberpraxis: Beim Liebeszauber wird oft mit persönlichen Beigaben gearbeitet, mit Haaren oder Fingernagelabschnitten der betroffenen Personen, aber auch mit Gegenständen oder Kleidungsstücken, die sie in Gebrauch hatten, beziehungsweise mit Bildern oder handschriftlichen Notizen. Stehen keine persönlichen Beigaben zur Verfügung, können Sie auch eine Figur als Stellvertreter nehmen. Solche Figuren werden häufig aus Wachs geformt. Man kann aber auch Spielfiguren oder kleine Puppen verwenden.

Auch das Zutragen des Mediums, über dem der Zauber gesprochen und vollzogen wurde, ist beim Liebeszauber sehr wichtig. In unserem Beispiel war es ein Aschetupfer. Gern werden auch Liebesgaben eingesetzt – zum Beispiel ein unverfängliches Präsent oder der berühmte Blumenstrauß mit Kartengruß –, um etwas Persönliches in unmittelbare Nähe der Angebeteten zu bringen.

Abschließend eine Warnung: Bedenken Sie vor jedem Liebeszauber, was Sie tun. Mit dem Zauber wecken Sie Kräfte, die Sie vielleicht gar nicht mehr in Ihrer Nähe haben wollten, sobald sie sich zeigen. Auch wird eine durch Zauber herbeigeführte oder gekittete Liebe nicht zwingend im siebten Himmel geschlossen. Manch einer, der sein Liebesglück mit einem Zauber zwingen wollte, war sehr enttäuscht über die unwirklichen Gefühle, die dabei an die Oberfläche kamen. Das Ergebnis kann sein, dass man irgendwie aneinander hängt und doch am liebsten voneinander lassen möchte.

Weitere Tipps für den Liebeszauber

Liebe gedeiht mit der Stimmung. Daher sollten Sie beim Liebeszauber darauf achten, dass Ihr Kraftplatz eine romantische Stimmung wiedergibt. Meist genügt eine Kleinigkeit, um diese Stimmung zu bewirken: eine Blüte in einer Schale Duftwasser, eine rosafarbene Kerze oder eine ausgelegte Karte mit Glückwünschen zum Valentinstag. Sehr eindrucksvoll sind auch Räucherungen mit süßen Düften. Nachstehend erfahren Sie noch weitere magische Mittel, mit denen Sie die Liebe locken und Ihre Attraktivität steigern können. Übrigens: Indem Sie das Ritual zu Ihrem Liebeszauber nackt vollziehen, wie es seit Urzeiten Brauch ist, reichern Sie Ihre Zauberhandlung mit besonderer Energie an.

Räuchern mit Labdanum: Ein ideales Räuchermittel für den Liebeszauber ist das Labdanum, ein Räucherharz, das schon in der Antike sehr begehrt war. Man weihte es Aphrodite, der Göttin der Liebe. Sein Duft ist warm und süß, ähnlich wie Ambra oder Moschus, die ebenfalls als Düfte der Liebe gelten. Weht sein Rauch durchs Zimmer, fliehen die bösen Geister und Eros hält Einzug. Wenn Sie vor einem Rendezvous mit Labdanum räuchern, tragen Sie den verführerischen Hauch seiner Magie mit sich. Als Heilmittel soll es die Atemwege befreien. Außerdem wirkt es entspannend und öffnet Sie für die irdischen Genüsse. Es beflügelt die Phantasie und lässt die Welt ein wenig schöner erscheinen. Der Rauch des Labdanum ist ein himmlischer Träger für jeden Liebenszauber.

Schnüren und Knoten: Liebeszauber ist ein Bindezauber, und die sichtbare Entsprechung dafür sind Schnüre und Knoten. Wie bereits erwähnt erlebt dieser Zauber mit den Freundschaftsbändern derzeit eine Renaissance.

Achten Sie auf die Farben der Schnüre. Rot ist der Mars, damit ist dies die Farbe für den Mann. Blau ist der Mantel der Gottesmutter, also auch die Farbe für die Frau. Grün symbolisiert die Hoffnung, Wachsen und Gedeihen. Also ist Grün die Farbe der Liebe. Wem Grün nicht gefällt, der darf auch Rosa nehmen.

Wenn Sie aus zwei bestimmten Personen ein Paar machen wollen, flechten Sie ein Band aus allen drei Farben. Dieses Band ist eine magische Aufforderung für das Zusammenkommen der beiden. Legen Sie es ins Fenster und lassen Sie es vom Mond bescheinen – egal in welcher Phase. Schließlich verlieben wir uns auch bei abnehmendem Mond. Sie können das Band aber erst verknoten, wenn die beiden ein Paar geworden sind, um die Liebe dauerhaft zu binden. Allerdings sollten Sie statt einem Knoten besser eine Schleife binden. Knoten werden in der Magie nämlich vor allem gesetzt, um etwas wegzuknoten. Haben Sie zum Beispiel Liebeskummer, knüpfen Sie Knoten in ein rotes oder blaues Band. Dabei sprechen Sie über Ihren Kummer und knoten so lange, bis Ihnen leichter ums Herz wird. Danach werden Sie wieder klar denken und entscheiden können.

Wenn Sie einen Mann oder eine Frau an sich binden wollen, verflechten Sie ein rotes Band für einen Mann oder ein blaues Band für eine Frau mit einem grünen Faden. Das Band für den Mann befestigen Sie dann mit einer Schleife am Stiel eines Apfels, das Band für die Frau am Stiel einer Birne. Wenn dann der Mond am Himmel steht, was bei Halbmond auch am Tage geschieht, blicken Sie in den Mond, der Sie beide bescheint, denken an den Geliebten oder die Geliebte und beißen in den Apfel oder die Birne. Dadurch kommt Ihnen der Geliebte ganz nah, denn Sie haben sich etwas von seinem Seelenhauch einverleibt. Wenn Sie die Frucht gegessen haben, legen Sie den Stiel mit der Schleife ins Fenster. Findet die Liebe bis zum nächsten Vollmond keine Erfüllung, dürfte sie auch längerfristig unerfüllt bleiben.

Mit der gleichen Kraft binden Sie Ihren Geliebten an sich, wenn Sie ein Sträußchen Vergissmeinnicht mit einem Band umwinden. Je mehr Schlingen Sie dabei legen, desto stärker wird die Bindung. Sie können den gebundenen Strauß auch trocknen lassen und als Talisman für diese Liebe aufbewahren.

LIEBESFRUCHT: Der Apfel ist aus biblischer Sicht die erste Liebesgabe, die wir Menschen uns machten, und gilt noch heute als Liebesgabe. Indem wir ihn verschenken, signalisieren wir unser Begehren. Lag der Apfel zuvor auf Ihrem Geschlecht, haben Sie ihn mit sinnlicher Kraft aufgeladen und er sollte die entsprechende Wirkung beim Angebeteten zeigen. Wer dieser Kontaktmagie nicht vertraut, schreibt mit dem kleinen Finger einen Zauberspruch rund um den Apfel. Wenn man schon ein Paar ist, beißt man gemeinsam in einen Apfel, um seiner Liebe weitere Nahrung zu geben.

LIEBESMAHL: Da Liebe nicht nur durchs Herz, sondern auch durch den Magen geht, folgt den Schmetterlingen im Bauch meist die Verführung durch ein Liebesmahl. Müssen Sie den Geliebten erst noch locken, dürfen Sie ihm ein wenig Appetit machen, indem Sie ihm ein Stück von sich ins Essen geben, zum Beispiel ein Stück Fingernagel im Mörser zerrieben. Dann werden Sie ihm so nah sein, wie Sie es in Wirklichkeit nie sein können. Ein solcher Zauber, in einem Ritual entsprechend vorbereitet, ist so massiv, dass Sie sich gut überlegen sollten, ob Sie sich auf ihn und seine Folgen einlassen wollen.

Dagegen ist ein echtes Liebesmahl ein harmloser Zauber, der allerdings einen sehr tiefen und anhaltenden Eindruck hinterlassen kann. Für ein Liebesmahl eignen sich vor allem Gemüse und Früchte, die phallische respektive vaginale Formen besitzen und deshalb als aphrodisierend angesehen werden, wie Spargel, Sellerie, Petersilienwurzel, Fenchel, Aubergine, Artischocke, Chili, Gurke, Erdbeere, Banane, Feige, Melone, Pflaume, Zwetschge, Marille oder Aprikose. Meeresfrüchte wie Muscheln und Austern stehen ebenso für sexuelle Leidenschaft wie Hummer, Langusten und andere Schalentiere sowie Kaviar. Auch Eierspeisen gelten als stimulierend und bieten sich mit euphorisierender Schokolade und Vanille als Nachtisch an.

Schutz vor ungewolltem Liebeszauber

Sorgen Sie sich, dass Sie gegen Ihren Willen in eine Beziehung gelockt werden könnten? Dann sollten Sie sich mit einem Gegenzauber gegen derlei Bedrängungen immunisieren.

Wenn Sie ein offenes Herz als Anhänger tragen, kann kein Liebespfeil in Ihrem Herzen stecken bleiben. Ist dieses Herz auch noch blau emailliert, strahlen Sie genügend Kälte ab, sodass Sie wohl kaum in die engere Wahl kommen. Auch ein nach oben offenes Dreieck, auf einen Zettel gezeichnet oder aus Metall geformt, das Sie bei sich zu Hause deponieren, wirkt wie ein erloschener Vulkan. Da kann viel Zauber auf Sie einwirken, ohne dass er Wirkung zeigt.

Einen ähnlichen Effekt hat eine Münze, die Sie auf ein Bild von sich legen, und zwar in die Herzgegend. Damit panzern Sie Ihr Herz gegen akute Bedrängungen. Doch Vorsicht! Dadurch wird jede aufkeimende Liebe abgetötet, auch eine, die Sie vielleicht wollen.

Ein Schmuckstück aus Bergkristall kann Sie ebenfalls vor jeder Form des Liebeszaubers bewahren. Oder Sie vertrauen auf die Karte »Mond« aus dem Tarot. Solange Sie diese Karte bei sich tragen oder darüber nachsinnen, sind Sie für magische Angreifer unsichtbar. Der Zauber zielt ins Leere und die so verlorene Energie zehrt an der Liebeskraft des Sie Bedrängenden.

Ein starkes Amulett gegen ungewollten Liebeszauber ist ein menschlicher Zahn. Es darf allerdings kein Milchzahn sein. Überhaupt besitzen menschliche Zähne starke Abwehrkraft und können deshalb in jeden Abwehrzauber einbezogen werden. Sollten Sie also einen Zahn gezogen bekommen, bewahren Sie ihn auf. In Wasserstoff gelegt wird er blendend weiß.

Trennungszauber

Warum können wir uns meist nur schwer voneinander trennen, wenn die Liebe erkaltet ist? Es sind Gewohnheit und Hoffnung, die uns in diesen Fesseln halten. Ein Trennungszauber soll uns deshalb einerseits die Kraft geben, uns zu lösen und die noch verbliebenen zärtlichen Gefühle zu verlieren. Andererseits soll er den einst Geliebten fern halten, damit sein Herz uns gegenüber erkaltet und er uns nicht weiter mit Liebesschwüren nachstellt und in Gewissensnöte bringt.

Wegschneiden: Haben Sie ein Bild von sich beiden, dann greifen Sie zur Schere und schneiden den einst Geliebten aus dem Bild. Verbrennen Sie sein Bild und spülen Sie die Asche gegen den Fluss eines fließenden Wassers. Hierdurch wird er im Strudel festgehalten, bis die verbliebene Bindungskraft von ihm gewaschen ist.

Zauber der Entfremdung: Das Ritual für einen Entfremdungszauber beginnt mit einem Reinigungsbad, für das Sie drei Esslöffel Meersalz in Ihre Badewanne geben. Danach räuchern Sie mit Zedern- oder Sandelholz an Ihrem Kraftplatz. Damit klären Sie die Atmosphäre und rücken schon ein wenig vom Geliebten ab. Stellen Sie nun eine Schale mit Wasser auf und legen Sie eine Kerze und eine lange Schnur (etwa eine Armspanne lang) bereit. Besinnen Sie sich auf das Ritual. Sprechen Sie dreimal den Namen des Geliebten und sagen Sie dazu: »Ich löse mich von dir.«

Nehmen Sie jetzt die Schnur mit beiden Händen an den Enden auf. Wickeln Sie sie (ohne sie loszulassen!) mit beiden Händen um Ihre Handgelenke. Sie fesseln sich also selbst.

Denken Sie über diese Symbolik nach: Sie selbst wollen das Band noch nicht aus der Hand geben. Es ist nicht der einst Geliebte, der Sie hält. Spüren Sie, wie diese Fessel Sie beengt und Sie wehr- und machtlos macht. Lassen Sie sich Zeit. Verharren Sie in diesem Zustand, bis er Ihnen unerträglich wird. Dann dürfen Sie die Schnur abwickeln und loslassen. Sagen Sie dazu noch dreimal: »Ich löse mich von dir.«

Nachdem Sie die Fessel gelöst haben, dürfen Sie nun alle schlechten Gefühle, die Sie empfunden hatten, in die Schnur knoten. Schlagen Sie einen Knoten nach dem anderen, bis Ihnen wieder wohler ist und Sie sich befreit fühlen. Tragen Sie die verknotete Schnur aus dem Haus und werfen Sie sie weg.

Räuchern Sie nun mit Zitronengras. Ihre Stimmung wird sich aufhellen, und Sie werden spüren, dass Sie nun die Kraft haben, die Trennung endgültig zu vollziehen. Wiederholen Sie den Lösespruch erneut dreimal. Zur Bekräftigung ritzen Sie drei Kreuze in die Kerze und darüber ein Herz. Zünden Sie die Kerze an, und beobachten Sie, wie sie niederbrennt. Sie symbolisiert Ihre Beziehung, die sich ebenso endgültig in Rauch auflösen wird.

Lösung gegen Widerstand: Ist Ihr verflossener Partner nicht bereit, die vollzogene Trennung zu akzeptieren, können Sie ihn mit magischen Mitteln ermuntern, diesen Schritt zu tun: Legen Sie ein Bild von ihm auf fliederfarbenes Papier. Verknoten Sie dann einen orangefarbenen Wollfaden dreimal und legen Sie die so entstandene Schlinge um das Bild. Der fliederfarbene Hintergrund bedeutet Abschiednehmen. Der orangefarbene Kreis steht für Isolierung. Diese Isolierung wirkt eher sanft. Das heißt: Die auf Sie gerichteten Energien dringen nicht mehr zu Ihnen durch und bleiben für den Isolierten spürbar unbeantwortet. Er bleibt mit seinen Regungen allein. Die aufkommende Abschiedsstimmung verstärkt sein Gefühl, isoliert zu sein, und hilft ihm gleichzeitig, diese Empfindung anzunehmen. Indem er die Trennung annimmt, schwindet sein Gefühl der Isolation, denn er schickt weniger destruktive Energien in den leeren Raum.

Bei hartnäckigeren Expartnern hilft der Einsatz eines Spiegels: Sie präparieren einen Spiegel, indem Sie den Namen Ihres Partners auf die Spiegelfläche schreiben und dazu die Formel: »Nimm, was du gibst.« Diesen Spiegel hüllen Sie in ein rotes Tuch und stellen ihn in der Nähe Ihres Haus- oder Wohnungseingangs auf. Die rote Farbe steht hier für die Trennung, Ihren Zorn und Ihre Bereitschaft, sich zu wehren. Das Tuch soll Sie beschützen, indem Ihr Bild nicht in den Spiegel fallen kann. Ihre Tarnung wird also noch verstärkt. Gleichzeitig verdichtet es die reflektierten Energien.

Bedrängt der Verflossene Sie dennoch weiter mit seiner bösen Kraft, wird diese nunmehr durch den Spiegel aufgefangen und auf ihn zurückgelenkt. Dadurch wird er seine eigene zerstörerische Kraft leidvoll zu spüren bekommen, und die damit einhergehenden Probleme werden ihn alsbald dazu bringen, von Ihnen abzulassen.

Trennung in Freundschaft: Bevor Sie einen Trennungszauber installieren, sollten Sie bedenken, dass ein harmonischer Abschied für beide Seiten am vorteilhaftesten ist. Fragen Sie sich also, ob es nicht besser ist, in Frieden voneinander zu lassen. Schließlich haben Sie auch schöne Zeiten miteinander verbracht. Ziehen Sie sich an Ihren Kraftplatz zurück, zünden

Sie eine fliederfarbene Kerze an und räuchern Sie mit Flieder. Erinnern Sie sich an die schönen Momente und nicht an die schlechte Stimmung vor dem Auseinandergehen. Danken Sie Ihrem Partner dafür und schicken Sie ihm ein herzliches Lebewohl hinterher. Dieser Zauber ist von nicht zu unterschätzender Kraft. Er kann dafür sorgen, dass Sie beide um ein ganzes Stück weiser auf Ihren getrennten Wegen wandeln.

Anhang

Magische Hilfsmittel

In diesem Buch wurden verschiedene magische Hilfsmittel angesprochen, die in weißmagischen Ritualen regelmäßig zum Einsatz kommen. Zaubergeräte kann man heute in großer Vielfalt und in ansprechendem Design käuflich erwerben. Man kann sie aber auch selbst herstellen, was den entscheidenden Vorteil hat, dass etwas von der persönlichen Energie dessen, der diese Hilfsmittel später benutzt, in sie einfließt. Wenn Sie sich für gekaufte Hilfsmittel entscheiden, sollten Sie diese erst nach einer Weihe in Besitz nehmen und gebrauchen. Grundsätzlich sollten geweihte Gegenstände nur von Ihnen persönlich verwendet werden. Und wenn Sie sie vorübergehend einer anderen Person überlassen haben, sollten sie erneut geweiht werden.

Der Zauberkreis

Der Zauberkreis ist Heimat, Spielfeld, Tempel und Kraftplatz des Magiers. Symbolisch weist er auf das Zusammenwirken von Himmel und Erde in der Magie hin und ist ein Abbild des magischen Raumes. In dieser Weise wird er auch als Verkörperung eines Mikrokosmos verstanden. Vor allem aber ist er ein Schutzkreis für den Magier, der die Zaubermächte beschwört. Durch die entstehende Konzentration der Kraft im Kreis besteht nämlich die Gefahr, dass niedere Energien im Umkreis wehen, die dazu neigen, von höheren Kräften zu zehren. Durch den Kreis werden sie sicher vom Magier abgehalten.

Der gezogene Kreis symbolisiert die Erde und somit den materiellen Grund. Der aufrecht stehende Magier in der Kreismitte wird zur Brücke zwischen himmlischen und irdischen Kräften. Er ist es, der die Kraft herbeizieht, transformiert und in die Welt leitet. Ebenso ist der Kreis selbst ein Mittel zur Verdichtung der Zauberkraft, denn im Kreis herrscht eine besonders starke Atmosphäre.

Sie können einen Zauberkreis nur durch eine Handbewegung, also unsichtbar ziehen. Besser ist es jedoch, wenn er sichtbar mit Kreide auf den Boden gemalt beziehungsweise mit einem Reifen oder Seil ausgelegt wird. Der Kreisradius sollte etwa eine halbe Armlänge messen. Wenn Sie den Zauberkreis mit Kreide ziehen, sollte er doppelt gezogen werden, denn eine doppelte Linie begrenzt das Innen und Außen des Kreises klarer. Bei einem Kreis aus einem Seil oder Reifen ist diese Betonung bereits gegeben.

Jeder Zauberkreis muss eine Tür haben, durch die Sie die beschworenen Kräfte herein- beziehungsweise Ihre nach außen gerichtete Zauberkraft entlassen können. Kräfte, die nicht in den Zauberkreis eindringen sollen, etwa imaginierte personale Kräfte, werden vor die Tür des Kreises zitiert. In den Kreis selbst können nur jene Kräfte gelangen, die ausdrücklich dazu eingeladen werden. Ohne Einladung vermag keine Kraft die Kreislinie zu überwinden. Das gilt auch für Energien, die im Inneren des Kreises entstehen. Nur wenn Sie einen Zauber ausdrücklich aus dem Kreis entlassen, wird er seine Wirkung entfalten. Sie müssen die Zaubermächte also vernehmlich und mit klaren Worten ansprechen und sie mit eindeutigen Gesten entlassen.

Die Tür Ihres Zauberkreises kann unterschiedlich aussehen. In einem unsichtbaren Zauberkreis markieren Sie sie nur durch Gesten. Im gezeichneten Kreis wird auch die Tür meist mit Kreide gezeichnet – für gewöhnlich in Form von drei Kreuzen, einem Hexagramm oder einem Pentagramm, manchmal auch als Herz, etwa beim Liebeszauber. Die Tür kann aber auch aus einem Gegenstand bestehen – einer Blume, einem Spiegel oder einer Bibel –, den Sie als Tür auf die Kreislinie legen. Wenn Sie ein Seil als Zauberkreis verwenden, wird der Knoten, mit dem beide Enden verschlungen sind, häufig als Tür genommen. Bei einem Reifen können Sie die Tür mit einer Schleife markieren.

Wenn Sie Ihren Zauberkreis ziehen, sollten Sie darauf achten, dass Sie für die Dauer des Rituals ungestört bleiben, damit sich die Energie, die Sie installieren, zur Gänze entfalten kann. Meditative Musik und Räucherwerk können Ihr Kreisritual unterstützen. Konzentrieren Sie sich vor Beginn des Rituals auf Ihre Zauberkraft. Stellen Sie sich ein Licht vor, das Sie vom Himmel her bestrahlt und den Kreis, den Sie ziehen wollen, bereits als hellen Fleck auf den Boden zeichnet. Ziehen Sie daraufhin Ihren Kreis oder legen Sie ihn aus. Sprechen Sie dazu folgenden Zauberspruch, mit dem Sie eine grundlegende Zauberkraft in Ihrem Kreis installieren:

Heilig sei des Kreises Kraft.
Sie hebt den Magier in den Raum,
Stärkt seines Zaubers stille Macht
Und lässt ihn seinen Engel schaun.

Wenn Sie Ihren Zauberkreis gezogen haben, klären Sie ihn noch von innen, indem Sie ihn symbolisch auskehren. Hierfür empfiehlt sich ein ritueller Besen, den Sie auch für andere Reinigungsrituale benutzen können. Oder Sie nehmen ein Tuch und machen damit drei symbolische Wischbewegungen. Dabei sprechen Sie laut den Zauberspruch und weisen mit dem ausgestreckten rechten Arm auf die Tür Ihres Kreises:

Ungebeten, ungeladen, ungewollt,
Ihr Genien, Kräfte und Dämonen
Flieht meinen Kreis durch sein Tor.
Wer jetzt verharrt und sich nicht trollt,
Den wird mein heißer Bann nicht schonen.

Damit haben Sie Ihren Zauberkreis installiert. Erfahrene Weißmagier tragen die Energie ihres Kreises übrigens immer mit sich. Das heißt, dass sie sich im Grunde fortwährend in ihrem Schutzkreis befinden, egal wo sie sich aufhalten.

Der Kraftplatz

Ein Kraftplatz ist der sichtbare oder, besser gesagt, sinnlich wahrnehmbare magische Raum im realen Raum. Er ist also der Platz, den Sie für sich einrichten und durch Ihre Zauberhandlungen, Rituale, Kontemplationen und Meditationen mit magischer Energie aufladen: Ihr magischer Andachtsraum. Daher sollten Sie für Ihre Zauberhandlungen stets den gleichen Platz wählen und immer die gleichen Utensilien verwenden. Das dürfen Sie durchaus mit den Gepflogenheiten in den Kirchen vergleichen. Auch hier findet die heilige Handlung stets am selben Platz und immer mit denselben liturgischen Geräten statt.

Damit Ihr Kraftplatz magische Atmosphäre gewinnt und bewahrt, sollten Sie darauf achten, dass er Ihnen zum einen Ruhe bietet und zum anderen nicht gerade von jedermann begangen werden kann. Lässt Ihre Wohnsituation dies nicht zu, empfehlen sich Accessoires wie Kerzenleuchter, Räucherschale, Decke, Steine, Kristallkugel und anderes, die Sie von Fall zu Fall aufstellen, um Ihren Kraftplatz für sich sichtbar zu machen. Um die Kontinuität eines solchen Platzes zu unterstreichen, können Sie ihn auch durch ein Symbol oder ein Bildnis hervorheben. Das geschieht beispielsweise mit dem Herrgottswinkel in vielen Wohnstuben, der meist auch der Platz für Zauberhandlungen ist.

Sie installieren und pflegen Ihren Kraftplatz auch dadurch, dass Sie dort regelmäßig räuchern und eine Kerze anzünden. Durch dieses kleine Ritual halten Sie auch die Verbindung mit dem magischen Raum aufrecht, denn schließlich soll Ihr Kraftplatz ein sinnlich erfahrbares Abbild dieser transzendenten Sphäre sein.

Gleichwohl ist Ihr Kraftplatz kein ständig pulsierender Pol des magischen Raumes, sondern auch ein Ort der alltäglichen Besinnung und Ruhe. Daher sollten Sie ihn für eine Zauberhandlung immer eigens vorbereiten, indem Sie ihn mit einem Zauberspruch beleben und in seine spezielle magische Atmosphäre heben. Sprechen Sie folgenden Spruch, bevor Sie Ihren Kraftplatz für eine Zauberhandlung rüsten:

Heilig sei mir diese mächtige Rast.
Heilig sei mir ihr goldenes Tor.
Hier streife ich ab meines Alltags Last.
Hier finde ich Weile im lichten Chor.

Eine Möglichkeit, wie wir unseren Kraftplatz mit uns führen und seine Kraft und Stimmung von einem Augenblick zum anderen beleben können, wurde uns mit den Märchen überliefert. Dort dreht der Held oder die Heldin dreimal ihren Ring am Finger, und schon erscheint die gute Fee. Gleichermaßen können auch Sie verfahren, sofern Sie den Ring beständig tragen. Drehen Sie ihn dreimal am Finger und sorgen Sie so dafür, dass die Atmosphäre Ihres heimischen Kraftplatzes an einem anderen Ort geschaffen wird.

Der Altar

Die Zauberutensilien, die ein Magier heute benutzt, stammen aus einer Zeit, als Priester ganz selbstverständlich auch Magier waren. Folglich ist es nicht ungewöhnlich, dass der Ritualtisch eines Magiers als Altar bezeichnet wird. Es ist ein geweihter Tisch, auf dem Opfer dargebracht und an dem Rituale durchgeführt werden. Damit wird der Altar an Ihrem Kraftplatz neben dem Kreis zum Zentrum Ihrer magischen Handlungen. Er ist ein mit magischer Kraft geladener Tisch, der allerdings nicht die ganze Zeit wie ein Kirchenaltar hergerichtet sein muss. Schließlich ist Ihre Wohnung kein weißmagischer Tempel. Die Decke, die Sie über den Tisch breiten, ist das wesentliche Element Ihres Altares. Durch sie wird Ihr Altar stets in gleicher Weise gerüstet und als Herzstück der magischen Kraft eingerichtet. Grundsätzlich können Sie jede Decke verwenden. Wenn Sie jedoch einen Altar möchten, der ein wenig typisch für die weiße Magie ist, sollten Sie eine Decke aus schwerem weißen Tuch wählen. Das Tuch sollte gesäumt sein. Als Saumfarbe bietet sich Blau für den Geist oder Gold für die Zaubermacht an. Aber auch andere Farben, etwa Kardinalrot oder Purpur, die alten Farben der Herrscher und Priester, bieten sich an. Das Tuch können Sie mit magischen Symbolen bedrucken oder besticken, wobei ein klares Symbol im Zentrum genügt.

Das Altartuch verkörpert im Grunde genommen den Altar als solchen. Ohne das Tuch ist der Tisch einfach nur ein Tisch. Erst mit dem Tuch wird er zum Altar. Aber auch die Altargeräte gehören mit zum Altar: eine Schale mit Wasser, eine Kerze und ein oder zwei Räuchergefäße. Sie symbolisieren die vier Elemente und damit den Kreis der Wirklichkeit, die Ihren Zauber trägt. Wenn Sie zudem mit Zauberstab und Zaubermesser sowie mit Glaskugel und Stundenglas agieren, gehören auch diese Utensilien mit auf den Altar.

In dieser Weise gedeckt wird Ihr Altar sozusagen zum Herd des Magiers. Hier brennt das Feuer seiner Magie. Hier werden die Zutaten für sein Ritual erwärmt. Von hier aus verbreitet sich der Duft seines Zaubers. Ist er schließlich angerichtet, wirkt er belebend wie ein Mahl auf den Magier. Darum erreicht ein solcher Zauber sein vorbestimmtes Ziel mit Gewissheit.

Der Zauberstab

Der Zauberstab ist der Dirigentenstab des Magiers. Mit ihm lenkt er die Energien und gibt seinem Zauber Richtung. Der Zauberstab ist aber auch eine Insignie seiner Zaubermacht. Er symbolisiert die Verbindung von Himmel und Erde in der Hand des Magiers. Er ist der Blitzfänger, in dem sich die Kräfte des Himmels und der Erde bündeln. Er ist die Schlange, die zum Ast erstarrt, sobald der Magier sie ergreift. Er steht für die Gewalt über die Schlange, wie sie auch ein Bischofsstab mit dem Schlangenhorn versinnbildlicht. Die Schlange als Zauberstab ist ein starkes Symbol, in dem sich Fruchtbarkeit, Erneuerung und Tod bildhaft verbinden.

Mit dem Zauberstab können Sie magische Energien konzentrieren. Wenn Sie nur zum Versuch Ihre offene Hand unter einen Zauberstab halten, spüren Sie seinen Kraftfluss in Ihrer Handfläche als punktuellen Wärme- oder Kältestrahl. Entsenden Sie einen Zauber, wirkt der Zauberstab wie ein Speer, der Ihre Kraft ins Ziel trägt. Setzen Sie Ihren Zauberstab entsprechend ein. Laden Sie Amulette mit ihm auf. Ziehen Sie Ihren Zauberkreis damit. Nutzen Sie ihn, um Energien abzublocken und Zauberkräften den notwendigen Schwung zu geben.

Zur Herstellung eines Zauberstabs können Sie im Grunde alle Materialien verwenden. Allerdings werden Zauberstäbe bevorzugt aus Haselnussholz, Eisen oder Silber gefertigt. Die Spitze des Zauberstabes ist häufig mit einem magischen Zeichen oder einem Krafttier geschmückt, etwa mit einem Schlangen- oder Löwenkopf. Gern werden Zauberworte in seinen Griff graviert. Falls Sie entsprechend begabt sind, sollten Sie Ihren Zauberstab selbst herstellen.

Etliche Magier wirken statt mit einem Zauberstab nur mit ihren Händen. Dann ersetzen Fingerbewegungen und Mudras die bündelnde Eigenschaft des Zauberstabes. Entscheiden Sie sich hierfür, sollten Sie eine deutliche und dramatische Gestik beherrschen.

Das Zaubermesser

Das Zaubermesser ist das Schwert des Magiers. Er kann Verbindungen trennen, indem er symbolisch einen scharfen Schnitt mit dem Zaubermesser führt. Oder er adelt Gegenstände und Temperamente per »Ritterschlag« und lässt seine Kraft auf sie überfließen, indem er sie mit seinem Messer berührt. Mit dem Zaubermesser kann der Magier seine Zauberkraft auch gebündelt in ein Ziel schicken, was vor allem im Abwehrzauber geschieht. Hierbei wird die Kraft wie durch ein Brennglas fokussiert und wirkt entsprechend streng und aggressiv. Auch um Energien zu halten wird das Zaubermesser gebraucht. Sobald sich die Kraft spürbar verdichtet, sticht der Magier das Messer in die Erde oder in einen Laib Brot. In gleicher Weise können negative Kräfte festgehalten werden, um sie zu besprechen und endgültig zu bannen. Dies gilt vor allem für dämonische Kräfte, die sich einem Bann entziehen wollen.

Prinzipiell kann jedes Messer als Zaubermesser benutzt werden, man muss es nur dazu weihen. Bevorzugt werden jedoch Ziermesser oder Brieföffner aus Silber. Manche Magier agieren ganz ohne Messer und setzen dafür auf entschiedene Gesten.

Das Zauberbuch

Ein Zauberbuch ist keine Sammlung magischer Anleitungen, auch wenn es mit der Zeit dazu werden kann. Es ist eher so etwas wie eine Protokoll- und Materialsammlung Ihrer Rituale. Beispielsweise werden lang wirkende Sigillen in einem solchen Buch festgehalten. Auch den Ablauf besonderer Rituale werden Sie sicher darin aufzeichnen wollen, damit Sie den dazugehörigen Zauber später nachvollziehen beziehungsweise neu beleben können. Zaubersiegel, Symbole und Zaubersprüche können ebenfalls in diesem Buch vermerkt werden, damit man sie jederzeit leicht wieder finden kann. Auch langfristig angelegte Zaubereien, etwa Abwehr- oder Gesundzauber, werden in einem Zauberbuch skizziert und am besten zusammen mit den Zaubermitteln (Haare, Puppen, Zeichnungen, Amulette und Ähnliches) aufbewahrt.

Hieraus ergibt sich beinahe von selbst, dass ein Zauberbuch keine feste Form besitzt. Es kann zum Beispiel aus Heften und einem Schuhkarton bestehen. Es kann ein gebundenes Buch sein, das in einem zum Zauberkasten ernannten Schrankfach aufbewahrt wird. Es kann aber auch ein elektronisches Tagebuch sein, in dem Sie Ihre Zauberhandlungen skizzieren und Fotos der Rituale und Medien ablegen. Allerdings sollten Sie davon auch eine ausgedruckte Version haben. Ein Zauberbuch ist nämlich ein Abbild des magischen Raumes, wie Sie ihn erfahren haben, und ein energetisches Protokoll Ihres magischen Wesens. Damit ist es auch ein greifbarer Hort magischer Macht und somit ein Utensil, das auf Ihren Altar gehört.

Zaubersprüche

Nachstehend eine thematisch gruppierte Übersicht der im Buch erwähnten Zaubersprüche.

Ein Ritual beginnen

Im Anfang war das Wort,
War der Raum, war die Kraft.
Dies ist der Anfang des Zaubers.
Dies ist der Eintritt seiner Macht.

Klar der Kreis,
Klar der Tisch,
Klar der Geist,
Klar zur Tat.

Ein Ritual beenden

Das Lied ist gesungen,
Der Zauber gelungen.
Ich kehr zurück,
In mir ist Glück.

Einen bildhaften Gedankenzauber beenden

Dies Bild soll sich zum Bilde bilden.

Die Gedankenmühle zum Stillstand bringen

Geiwsch rebuaz geiwsch!

Den magischen Kraftplatz beleben

Heilig sei mir diese mächtige Rast.
Heilig sei mir ihr goldenes Tor.
Hier streife ich ab meines Alltags Last.
Hier finde ich Weile im lichten Chor.

Für das anrufende Hexagrammritual

Himmel – ich – rufe – an – die – Kraft – deiner – Planeten.

Für das bannende Hexagrammritual

Sterne – Kraft – euere – Macht – bannt – das – Übel – jetzt.

Einen Zauberkreis installieren

Heilig sei des Kreises Kraft.
Sie hebt den Magier in den Raum,
Stärkt seines Zaubers stille Macht
Und lässt ihn seinen Engel schaun.

Niedere Kräfte aus dem Zauberkreis bannen

Ungebeten, ungeladen, ungewollt,
Ihr Genien, Kräfte und Dämonen
Flieht meinen Kreis durch sein Tor.
Wer jetzt verharrt und sich nicht trollt,
Den wird mein heißer Bann nicht schonen.

Die Kraft eines einmal installierten Zauberkreises neu beleben

Kehre Kreis, kehre wieder, kehr im Kreis.

Ein Kristall oder eine Wahrsagekugel mit Mondkraft laden

Mondin, die du die Kraft besitzt, das Meer zu heben,
Und die Macht, die Nacht den Mahren zu entreißen,
Senk dein Licht auf den Kristall, lass ihn ergleißen,
Damit das Bild erglimmt, nach dem wir bangend streben.

Das Element Feuer beschwören

Deine Flamme lodert in mir und wärmt meine Seele.

Das Element Wasser beschwören

Der Strom, der mich trägt, ist das Wasser der Magie.

Das Element Luft beschwören

Der Himmel krönt mich und ist meiner Seele Odem.

Das Element Erde beschwören

Ich stehe auf der Erde, von der ich bin und zu der ich werde.

Das Element Äther (Geist) beschwören

Leer ist der Raum und in ihm herrscht Schweigen. Diese Fülle ist meine Heimat.

Die herbeigerufenen Elemente entlassen

Dank den Winden, die mich trugen.
Dank den Flammen, die mich wärmten.
Dank den Quellen, die mich labten.
Dank den Äckern, die mich nährten.
Ihr seid fünf, weil ihr in mir wie in Ihm seid.

Gebet zur Anrufung der Kraft der Engel (91. Psalm 9–13)

Denn der Herr ist deine Zuversicht, der Höchste ist deine Zuflucht. Es wird dir kein Übel begegnen, und keine Plage wird sich deinem Hause nahen. Denn er hat seinen Engeln befohlen, dass sie dich behüten auf allen deinen Wegen, dass sie dich auf den Händen tragen und du deinen Fuß nicht an einen Stein stoßest. Über Löwen und Ottern wirst du gehen und junge Löwen und Drachen niedertreten.

Konzentrationsspruch (Schöpfen des okkulten Siegels)

Leer ist der heile Raum.
Leere gebiert sein Zeichen.
Es ist das Siegel für den Raum,
Lässt seine Fülle nicht entweichen.

Spruch zum Siegel »Es geschehe«

Aus dem Funken das Feuer,
Aus dem Feuer die Welt,
Aus der Welt der Geist,
Aus dem Geist das Geschehen.

Spruch zum Siegel »Ich will«

Im Funken der Geist,
Im Geist das Feuer,
Im Feuer die Welt,
In die Welt mein Wille.

Ein Amulett weihen

Zaubermacht
Die Kraft hernieder
Angedacht ans Amulett
Das Zeichen wieder
Aufgebracht im Raum komplett.

Schützende Kraft auf einen Gegenstand oder an einen Ort ziehen

Heilige Kraft,
Die du seit Jahrtausenden waltest,
Die du uns dank deiner Gnade weihst,
Erhebe diesen Ort und segne diese (Name).
Dein Licht schenkt Engeln Gestalt.
Deine Festigkeit vertreibt das Böse.
Deine Beharrlichkeit schützt das Gute.
Dein Wehen verströmt den Geist.
Heilige Kraft,
Senke dich über diese (Name).

Der Haussegen des 128. Psalms

Ein Wallfahrtslied. Wohl jedem, der den Herrn fürchtet und in seinen Wegen wandelt! Du wirst dich nähren von deiner Hände Arbeit; wohl dir, du hast es gut! Dein Weib ist wie ein fruchtbarer Weinstock im Innern deines Hauses, deine Kinder wie junge Öl-

bäume rings um deinen Tisch. Siehe, so wird der Mann gesegnet, der den Herrn fürchtet! Der Herr segne dich aus Zion, dass du das Glück Jerusalems sehest alle Tage deines Lebens und sehest die Kinder deiner Kinder! Friede über Israel!

Spruch um einen Hausgeist zu rufen

Wir sind eins! Wir sind hier! Möge der gute Geist des Hauses von unserem Geist sein. Wir sind eins! Wir sind hier!

Spruch zur Räucherung der Wohnung

Wehe, wehe schierer Zauberduft,
Zieh herbei aus Himmelssphären,
Mische dich zu reiner Luft,
Wehe um den Raum zu klären.

Formel zur Bereitung von Weihwasser

Im Anfang war das Wasser dem Geiste Bett.
Der Geist schöpfte Leben aus dem Wasser.
Fortan schwimmt im Wasser der Geist des Lebens.
Nichts auf der Welt ist geschmeidiger,
nichts ist weicher als Wasser.
Und doch widersteht es dem Starren,
und doch erweicht es das Harte.
Wasser bleibt der geduldige Bezwinger,
niemand vermag es zu wandeln.
Das Schwache ist der Bezwinger des Starken,
das Weiche ist der Bezwinger des Harten.
Dies weiß jedes Kind, doch niemand handelt danach.
Nur wessen Geist neu geboren ist,
kürt die Weisheit, so zu handeln.

Also sagt der Weise:
Das Gemeine auf mich zu nehmen,
befreit mich von der Gemeinheit.
Das Dunkle auf mich zu nehmen,
macht mich zum Fürsten des Lichts.
Wahre Worte klingen wie verkehrt.
So klingt der Geist, der Raum, der Zauber.
So wirke dieses geweihte Wasser.

Ein Diebsbann
Dieb, was du mir gestohlen hast,
Soll dich hemmen und beschweren.
Willst du dich diesem Bann erwehren,
Brings zurück und lös dich aus der Last.

Abwehrsprüche bei Nachstellungen (Stalking)
Siehst du mich, geht's dir schlecht.
Folgst du mir, fällst du tief.
Verschwinde oder büße!
Verfolgst du mich, verlierst du dich.

Ein Leiden seinem Verursacher zurücksenden
Nimm den Zauber, den dein Geist mir sandte.
Leid die Krankheit, mit der er mich anwandte.
Zum Ausgleich wird das Übel mir genommen,
Dafür soll es dreifach auf dich kommen.

Nachhaltiger Bannspruch gegen Geister oder Schrate

Ich rufe an das fahle Licht der Nacht!
Nimm den Zehrer, den du in den Tag gebracht!
Nimm ihn zurück, hinein in dein Gefilde
Und löse den Schatten nach deinem Bilde!
Saug ihn auf, du schwarzes Maar, lass ihn verwehen.
Lass ihn in deiner dunklen Tiefe untergehen!

Dämonische Kräfte bannen und zur Auflösung zwingen

Im düstern Spiegel strahlt diese arge Kraft,
Verdrängt mit ihrem Bild sein letztes Licht.
Gottloses Dunkel verblutet so in kühler Erde Haft,
Verhaucht zu tiefer Nacht, die sich vorm Tag verkriecht.

Eine Warze besprechen

Schwinde, schwinde mit dem Mond, du Warze.
Geh rasch über auf das Kraut und geh dann ein.
Schwinde, weil ich's dir befehle, Warze.
Verschwinde über Nacht wie der Mondenschein.

Segenswunsch für Speis und Trank

Ewigem Lebensdrang entsprungen
Und mit Fleiß der Erde abgerungen,
Liegt vor uns Fisch, Fleisch und Brot.
Wir danken dem Schöpfer, der all das hob.
Für dieses Mahl bitten wir um seinen Segen,
So will uns seine heilige Kraft beleben.

Für einen Geldzauber

Ach liebes Geld, du fehlst mir nicht,
Doch steht dein Glanz mir zu Gesicht.
Drum komm und klimpre in meinem Kasten,
Denn hier darfst du in Ruhe rasten.

Ein Liebeszauber

Wie der Mond sich rundet,
Soll unsere Liebe wachsen.
Wie die Kerzen flammen,
Soll unser Liebe brennen.
Wie unser Haar verbunden,
Solln unsere Herzen schlagen.

Ein Trennungszauber

Wie der Mond schwindet,
Soll sich gültig lösen,
Was die Liebe nicht mehr bindet.
Wie die Kerzen fliehen,
Soll die Bindung schmelzen
Und Kälte das Gemüt durchziehen.